PICCOLA BIBLIOTECA ADELPHI

81

Platone

SIMPOSIO

A cura di Giorgio Colli

ADELPHI EDIZIONI

Ventisettesima edizione: febbraio 2010

© 1979 ADELPHI EDIZIONI S.P.A. MILANO
WWW.ADELPHI.IT

ISBN 978-88-459-0391-5

Giunto quasi alla metà del suo terzo millennio di vita, il Simposio *è fresco, possiede sempre « il fiore della gioventù »; e appunto su chi è giovane, di preferenza, s'impone, come la musica, prima di ogni riflessione. L'immortalità è uno dei suoi temi, e come immortale diventa colui — troviamo affermato — che lascia dietro di sé una sua creatura, così lo è diventato davvero Platone con questa creatura, immutabile e senza pari.*

A noi non interessa analizzare i vari discorsi del Simposio, *stabilire una gerarchia, una dialettica concettuale, o altro; ci interessa sapere che è possibile — perché qui è avvenuto — l'incontro di uomini, che si trovino uniti non da una attività comune, ma da una qualità dell'anima: la grandezza, forse? Qui il filosofo, il poeta, lo scienziato, il politico si capiscono, non hanno barriere tra loro, poiché la loro società è degli « eccellenti ».*

E le cose che essi dicono non sono discorsi filosofici, perché anche questi sarebbero troppo ristretti per una tale società, né sviluppano con accanimento una ricerca professionale: tutt'al più sono prospettive diverse, secondo l'originalità dei vari individui, aperte su di un unico oggetto, o meglio, su di un'esperienza comune.

7

L'eros è il connettivo, l'atmosfera di questo ambiente; la bellezza è l'oggetto. L'eccellenza, qui, è dunque bellezza. E la grandezza non si conquista, ora, con il sangue versato in battaglia o con il distacco ascetico, ma con la dolcezza e l'effusione del vivere, con « la frenesia di Dioniso »: poiché non si trova nella solitudine, ma nella vita in comune. Il culmine dell'esperienza, spogliata ormai delle cose sensibili e divenuta solo interiore, è quello che Diotima chiama l'indicibile idea del bello.

Ma l'idea del bello, quale è spiegata e discussa dai moderni studiosi di Platone — e mediatamente dai manuali scolastici — fa sbadigliare gli studenti: eppure, non tutti certo, ma alcuni di questi non sbadiglierebbero più, se sapessero di avere essi stessi, in qualche momento della loro giovane esistenza, intravisto — almeno da lontano — questo colore dell'estasi, che è il bello in sé.

Forse, però, è la misura con cui viene adombrata la tensione estrema di questi sentimenti, che tiene lontana l'anima rozza. E l'incedere divino di questi personaggi, la levità di questi attimi, che trapassano, in una sovrana oggettivazione stilistica, nella fissità dell'idea platonica, sono troppo lontani dai canoni del nostro immaginare.

Il *Simposio* cronologicamente si situa poco dopo il primo viaggio di Platone in Sicilia (388-387) quindi all'inizio di quel ventennio, tra il primo e il secondo viaggio siciliano (366-365), che vede la composizione e la stesura definitiva di quelli che la critica ha chiamato i dialoghi della « maturità » (*Repubblica, Fedone, Fedro*) e più tardi — negli anni vicini al secondo viaggio in Sicilia — del *Teeteto* e del *Parmenide*, che costituiscono il passaggio al Platone « tardo ». L'esatta data di composizione del *Simposio* non è — come del resto avviene per tutti i dialoghi platonici — determinabile con certezza assoluta. Il risultato più rilevante della filologia platonica è stato quello di poter stabilire una cronologia *relativa* dei dialoghi, soprattutto mediante le ricerche stilometriche, di poter indicare cioè la più verosimile successione dei dialoghi tra loro; la datazione assoluta di ciascun dialogo, invece, si riduce sempre a fissare un termine *post quem*. Per il *Simposio* esso è dato dall'allusione, contenuta nel discorso di Aristofane (193 *a*), al diecismo degli Arcadi per opera degli Spartani. Questo fatto storico risale al 385-384, e negli anni successivi dovrebbe cadere la composizione del *Simposio*. Anche il Wilamowitz, che interpreta altrimenti il passo del discorso di Aristofane, situa il *Simposio* in anni vicini a questi: 381-378. L'epoca in cui Platone fa svolgere il banchetto per festeggiare Agatone ci è data dalla notizia di Athen. 217 A, secondo cui Agatone fu incoronato sotto l'arconte Eufemo, nel quarto anno della 90ª Olimpiade, cioè nel 416 a. C. Questa data concorda con la definizione di Agatone come « giovane » e con la descrizione di Alcibiade, che poteva essere così solo prima della spedizione in Sicilia. Infine il racconto di Apollodoro (che è il tardo ' cronista ' di quel memorabile banchetto, non avendovi partecipato personalmente) è da situare una quindicina di anni dopo, cioè attorno al 400.

La presente traduzione è stata condotta sul testo oxoniense di Burnet (seconda edizione, 1910). Fra le migliori traduzioni moderne, abbiamo tenuto conto di quelle tedesche di Zeller (1857) e di Apelt (1926), di quella italiana di Calogero (1928) e di quella francese di Robin (quinta edizione, 1951). In margine indichiamo le pagine dell'edizione classica dello Stefano.

[La presente traduzione del *Simposio* è apparsa per la prima volta nella collana « Enciclopedia di autori classici », Boringhieri, Torino, 1960].

SIMPOSIO

Su ciò che volete sapere, credo di non essere *a*
impreparato. L'altro ieri, infatti, da casa mia,
al Falero, stavo salendo verso la città, quando
un conoscente, ravvisandomi di dietro, da lontano mi chiamò e assieme rivolgendosi a me
con atteggiamento scherzoso, disse:
– O Falereo, detto Apollodoro, non vuoi at-
tendermi?
Ed io mi fermai per aspettarlo. Egli riprese:
– Sai, Apollodoro, che proprio ora stavo cer-
candoti? Voglio notizie dettagliate sull'incontro di Agatone, Socrate e Alcibiade, e degli al- *b*
tri che furono presenti in quell'occasione al
banchetto: vorrei sapere quali furono i loro
discorsi d'amore. Un tale mi ha raccontato la
cosa, per averla udita da Fenice figlio di Filip-
po, e mi disse che anche tu eri informato. Ma
non ha saputo dirmi nulla di preciso. Raccon-
tami dunque tu: più di ogni altro, è giusto
che sia tu a riferire i discorsi dell'amico. Ma
prima dimmi – continuò – a quell'incontro tu
stesso eri presente, oppure no?
Ed io gli risposi:
– Sembra davvero che non ti abbia raccontato
nulla di preciso, chi ha raccontato, se tu credi
che l'incontro su cui vuoi notizie sia stato re- *c*
cente, cosicché anch'io abbia potuto assistervi.

– Lo credevo, certo.

– Su quale base, – dissi – o Glaucone? Non sai che da molti anni Agatone non abita più qui e che non sono passati ancora tre anni, da quando vivo assieme a Socrate, e mi preoccupo ogni giorno di sapere ciò che egli dice o fa? Prima di allora, aggirandomi a caso e credendo di fare qualcosa, ero più sventurato di chicchessia, non diversamente da te adesso, che pensi di dover fare qualsiasi cosa piuttosto che vivere da filosofo.

E quegli a dire:

– Non prenderti gioco di me, e dimmi invece quando avvenne quell'incontro.

Ed io gli risposi:

– Eravamo ancora ragazzi, fu quando Agatone vinse con la sua prima tragedia, all'indomani del giorno in cui egli e i coreuti offrirono il sacrificio per la vittoria.

– Allora, – disse – a quanto pare è passato molto tempo davvero. Ma chi ti ha raccontato la cosa? Forse Socrate stesso?

– No, per Zeus, – risposi – ma proprio quello che l'ha raccontata a Fenice. Fu un certo Aristodemo, del demo Cidateneo, un piccolo uomo, sempre scalzo. Aveva assistito alla riunione, poiché, a quanto mi risulta, era tra i più innamorati di Socrate, a quel tempo. Nondimeno, ho poi interrogato Socrate stesso su taluni particolari che avevo uditi da costui, e me li confermò così come egli li aveva raccontati.

– Ebbene – disse quello – e a me non vuoi fare il racconto? La strada che conduce alla città è proprio adatta, per chi cammina, a parlare e ad ascoltare.

14

Così dunque, camminando, assieme parlammo di queste cose, e di conseguenza, come appun- *c* to dissi da principio, non mi trovo impreparato. Se poi occorre fare anche a voi questo racconto, ebbene, facciamolo. D'altronde per parte mia, quando tengo io stesso, o ascolto da altri, discorsi sulla filosofia, provo una mirabile gioia, senza considerare che credo di trarne giovamento. Di fronte ad altri discorsi invece, soprattutto i vostri, dei ricchi e degli uomini d'affari, io mi irrito, e vi compiango, miei compagni, perché credete di far qualcosa, mentre non fate nulla. Dal canto vostro, forse *d* ritenete che io sia un povero diavolo, e credo che la vostra credenza sia vera; ma io, per quanto vi riguarda, non è che lo creda, bensì lo so con certezza.

COMPAGNO

Sei sempre uguale, Apollodoro: sempre parli male di te e degli altri, e mi sembra che a tuo avviso, a cominciare da te stesso, tutti siano assolutamente miserabili, all'infuori di Socrate. Donde mai tu abbia preso quell'appellativo di « tenero », con cui ti chiamano, non lo so davvero: nei tuoi discorsi, infatti, sei sempre a questo modo, aspro verso di te e gli altri, ad eccezione di Socrate.

APOLLODORO

Mio caro, è dunque evidente che, se penso a *e* questo modo di me stesso e di voi, io sia folle e fuori di senno?

15

Non vale la pena adesso, Apollodoro, di disputare su tali argomenti: ciò di cui ti abbiamo pregato, piuttosto, non rifiutarlo, ma racconta quali erano i discorsi.

Ebbene, furono pressappoco i seguenti, quei discorsi... Ma è meglio che, cominciando da 174 principio, come aveva raccontato Aristodemo, così cerchi anch'io di raccontarli a voi.

Raccontava di aver incontrato Socrate, ben lavato e con i sandali ai piedi, il che gli avveniva di rado, e di avergli chiesto dove andasse, fattosi così bello.
Quello rispose:
– A cena da Agatone. Ieri invero, alla cerimonia per la sua vittoria, l'ho evitato, per timore della folla; ma accettai di intervenire oggi. È per questo che mi sono agghindato, per presentarmi bello ad uno che è bello. Ma tu
b – continuò – che ne pensi di venire senza invito a questa cena?
Ed io, raccontava, dissi:
– Come tu vuoi.
– Seguimi dunque – riprese – e così indeboliremo il proverbio, modificandolo nella forma: *anche ai banchetti degli uomini di valore vanno spontaneamente gli uomini di valore*. In realtà, c'è caso che Omero abbia non solo indebolito, ma altresì offeso questo proverbio:

16

dopo di aver presentato Agamennone come uomo eccezionalmente valoroso in guerra, e Menelao invece come « molle guerriero », *c* quando poi Agamennone celebra un sacrificio, e offre un festino, Omero fa andare senza invito al banchetto Menelao, chi ha meno valore al banchetto di chi ne ha di più.

All'udire ciò, secondo il racconto, aveva replicato:

– Ma forse si darà il caso che anch'io, non come dici tu, o Socrate, bensì come dice Omero, vada senza invito, essendo uomo dappoco, al banchetto di un uomo sapiente. Nel condurmi, cerca dunque una giustificazione, poiché per parte mia non ammetterò di essere venuto senza invito, e dirò invece di essere *d* stato invitato da te.

– « In due procedendo assieme lungo la strada » – disse – decideremo che cosa dire. Andiamo dunque.

Dopo di aver conversato pressappoco a questo modo, raccontava, ci mettemmo in cammino. E Socrate, rivolgendo per così dire su se stesso la sua forza conoscitiva, camminava lungo la strada rimanendo indietro, e quando mi fermai ad attenderlo, mi ordinò di procedere avanti. Giunto alla casa di Agatone, trovai la *e* porta aperta e mi accadde là, raccontava, di essere in una situazione divertente. Subito un domestico mi venne incontro, e mi condusse dove gli altri stavano sdraiati: li trovai già sul punto di cenare. Non appena mi vide, Agatone esclamò:

– Aristodemo, giungi al momento opportuno per cenare con noi. Se sei venuto per qualche altro motivo, rimanda ciò a più tardi. Anche ieri ti cercavo per invitarti, ma non mi riuscì di vederti. Piuttosto, com'è che non ci conduci Socrate?

Ed io, raccontava, volgendomi non vidi da nessuna parte Socrate dietro di me. Spiegai allora che appunto assieme a Socrate io stesso ero venuto, invitato da lui qui alla cena.

– Hai fatto benissimo, – replicò – ma costui dov'è?

175 – È entrato poco fa dietro di me: ma sono meravigliato anch'io, e mi domando dove possa essere.

E raccontava che Agatone disse:

– Muoviti, ragazzo, cerca Socrate e conducilo qui. E tu, Aristodemo, – continuò – sdraiati accanto ad Erissimaco.

Un servo, seguitava Aristodemo, si occupò delle sue abluzioni, perché si mettesse a giacere; e un altro servo giunse ad annunziare:

– Il Socrate in questione si è isolato nel vestibolo dei vicini, e sta lì immobile. L'ho chiamato, ma non vuole entrare.

– Dici delle assurdità: – esclamò Agatone – chiamalo di nuovo e non perderlo d'occhio.

b E Aristodemo raccontava di aver detto:

– Ma no: lasciatelo stare. Ha questa abitudine: talvolta si isola, dove gli capita, e sta lì immobile. Verrà presto, io credo. Non turbatelo, dunque, lasciatelo stare.

– Facciamo allora così, se ti sembra opportuno – raccontava che Agatone dicesse. – Ma ragazzi, servite la cena a noialtri.

– Voi mettete sempre in tavola ciò che volete, quando nessuno vi sorveglia — il che io non ho mai fatto — ed ora, dunque, immaginando che sia stato invitato da voi a cena, io assieme a questi altri, prendetevi cura di noi, in modo che possiamo lodarvi.   *c*

Dopo di ciò, diceva Aristodemo, cominciammo a cenare, ma Socrate non si presentava. E Agatone più volte voleva mandarlo a chiamare, ma io non lo permisi. Giunse poi, a un certo momento — si era trattenuto per un tempo meno lungo che d'abitudine — quando pressappoco si era a metà della cena. E Agatone, che si trovava disteso nell'ultimo posto, da solo, disse, secondo il racconto:

– Sdraiati qui, Socrate, presso di me, in modo che, toccando te, anch'io goda della recondita sapienza che si è accostata a te nel vestibolo. *d* Tu l'hai trovata e la possiedi, evidentemente: se no, non ti saresti mosso.

E Socrate si sedette, e disse:

– Sarebbe bello, Agatone, se la sapienza fosse fatta in modo da scorrere, se ci tocchiamo l'un l'altro, da chi di noi ne è più pieno a chi ne è più vuoto, così come nelle coppe l'acqua scorre attraverso il filo di lana, dalla più piena alla più vuota. Se le cose stanno a questo modo anche per la sapienza, apprezzo molto l'esser *e* disteso accanto a te: penso infatti che sarò riempito, da parte tua, di una grande e bella sapienza. La mia, in realtà, se mai vale poco, o addirittura è discutibile, simile ad un sogno; la tua, invece, è fulgida, e capace di grande accrescimento, essa che è lampeggiata così violentemente da te, che sei giovane, e si è resa manifesta ieri l'altro, avendo per testimoni più di trentamila Elleni.

19

E Agatone a dire:

– Sei aggressivo, Socrate. Questa disputa sulla sapienza la decideremo fra poco, io e tu, prendendo come giudice Dioniso. Ma ora, pensa prima alla cena.

176 Dopo di ciò, raccontava, Socrate si distese e cenò, e così pure gli altri; fecero quindi le libagioni, e intonato il canto in onore del dio e celebrati gli altri riti tradizionali, si volsero al bere. Pausania allora, secondo il racconto, diede inizio ai discorsi, in questi termini. Egli disse:

– Ebbene, voi tutti, come potremo bere con la maggiore levità? Per parte mia, devo dirvi che in realtà non sto affatto bene, per la bevuta di ieri, e ho bisogno di un po' di respiro. E credo che anche la maggior parte di voi ne abbia bisogno: ieri eravate presenti, infatti.

b Guardate dunque in qual modo possiamo bere con la maggior levità.

Disse allora Aristofane:

– Parli bene, Pausania, bisogna ottenere in ogni modo un respiro nel bere: anch'io faccio parte di quelli che ieri erano immersi nel vino.

E udendoli, continuò Erissimaco, figlio di Acumeno:

– Avete ragione. Uno di voi vorrei ancora ascoltare, su come si senta per resistenza al bere, cioè Agatone.

Questi disse:

– No certo, neppur io mi sento forte.

c – A quanto pare, a noi capita allora una fortuna insperata, a me, ad Aristodemo, a Fedro e a costoro, se voi, i più potenti bevitori, avete

20

ora abdicato. Noi infatti siamo sempre dei deboli. Socrate, invece, lo tolgo dal conto: in entrambi i casi è capace di far fronte, cosicché si troverà bene, che ci comportiamo in un modo oppure nell'altro. Poiché mi sembra quindi che nessuno dei presenti abbia una gran voglia di bere molto vino, forse, dicendo la verità sulla natura dell'ubriachezza, potrò essere meno sgradevole. Proprio questo, infatti, ritengo risulti evidente dalla mia esperienza medica, che cioè per gli uomini l'ubriachezza è un male. E per parte mia non vorrei spingermi troppo oltre nel bere, né lo consiglierei ad altri, soprattutto quando si abbia ancora il capo indolenzito dal giorno precedente. *d*

– Ma certo, – intervenne a dire, secondo il racconto, Fedro, del demo Mirrinunte – per conto mio mi sono abituato ad obbedirti, specialmente in ciò che dici di medicina. Ora però anche gli altri ti ascolteranno, se vorranno decidere saggiamente.

Quando ebbero udito ciò, tutti furono d'accordo di non destinare all'ubriachezza quella riunione, e di bere, piuttosto, secondo il piacere. *e*

– Poiché dunque – disse Erissimaco – è stato concesso questo, che ciascuno beva quanto vuole, e che non vi sia nessuna costrizione, propongo, dopo di ciò, di mandar via la flautista che è entrata poco fa — potrà suonare da sola, o, se vuole, per le donne di casa — e quanto a noi, di stare assieme oggi, intrattenendoci con discorsi. E, sulla natura di questi discorsi, se volete, intendo farvi una proposta.

Tutti dissero che volevano, e lo invitarono a
fare la proposta. Erissimaco allora parlò:

– Il mio discorso trae principio dalla *Melanip-
pe* di Euripide: infatti *non mie sono le parole* che sto per dire, ma di Fedro qui presente.
Ad ogni occasione, invero, Fedro mi dice indi-
gnato: « Non è inconcepibile, Erissimaco, che
a molti altri dèi i poeti abbiano dedicato inni
e peani, e a Eros, invece, che è un dio così
grande e potente, neppur uno, fra tutti i gran-
b di poeti del passato, abbia mai destinato un
encomio? E d'altro canto, se vuoi considerare
i sofisti di valore, è di Eracle e di altri che essi
scrivono elogi in prosa. Così fa l'ottimo Pro-
dico. E di ciò non vi sarebbe poi tanto da
meravigliarsi; senonché a me stesso è capitato
tra le mani il libro di un uomo sapiente, in
cui il sale riceve un mirabile elogio per la sua
utilità. Ed è possibile vedere esaltati molti al-
c tri oggetti di questa natura. Orbene, mentre
ci si è rivolti con grande impegno a cose di
questo genere, nessun uomo invece ha mai osa-
to, sino a questo giorno, di celebrare degna-
mente Eros. Un così grande dio, piuttosto, è
stato trascurato a questo punto ». In ciò mi
sembra dunque che Fedro abbia ragione. Desidero quindi offrire un contributo a costui,
facendogli cosa grata, ed assieme mi sembra
conveniente, in questa occasione, per noi presenti, di onorare il dio. Se perciò anche voi
d siete d'accordo, saremo sufficientemente occu-
pati in questi discorsi. Mi sembra invero che
ciascuno di noi, procedendo verso destra, debba pronunciare un elogio di Eros, il più bello
che gli sia possibile, e che per primo dia l'av-

vio Fedro, poiché è disteso al primo posto, ed
è al tempo stesso il padre del discorso.
E Socrate disse:
– Nessuno, Erissimaco, voterà contro di te. In
realtà, non potrò oppormi io, che affermo di
non conoscere null'altro se non ciò che riguarda l'amore, né Agatone o Pausania, né certo
Aristofane, il quale non si occupa d'altro che *e*
di Dioniso e di Afrodite, né alcun altro di costoro che vedo qui. A dire il vero, per noi che
siamo distesi negli ultimi posti non si presenta una condizione di parità; ma se quelli
che ci precedono parleranno in modo bello ed
esauriente, questo ci basterà. Con buona fortuna, cominci dunque Fedro, e pronunci l'elogio di Eros.
Tutti gli altri furono d'accordo su di ciò, e si
associarono all'invito di Socrate. Orbene, di *178*
tutto ciò che fu detto da ciascuno dei presenti,
Aristodemo non si ricordava compiutamente,
né io, a mia volta, mi ricordo di tutto ciò che
costui ha raccontato. Ma le cose più importan-
ti, e più degne di memoria, a mio avviso, nei
discorsi di ciascuno, ve le dirò.

Raccontava, come ho detto, che Fedro per primo cominciò a parlare, prendendo così le mos-
se.
– Un grande dio è Eros, meraviglioso fra gli
uomini e gli dèi, e ciò per molti altri rispetti,
ma non da ultimo per la nascita. In verità,
l'essere tra gli dèi il dio più antico, è un onore *b*
– egli disse – ed ecco un segno di questa anti-
chità: genitori di Eros non ve ne sono, né

23

vengono nominati da nessuno, prosatore o
poeta; Esiodo, piuttosto, afferma che anzitutto
è sorto Caos:

> poi in seguito
> Terra dall'ampio petto, del tutto sostegno sempre
> [saldo,
> ed Eros.

E con Esiodo concorda Acusilao, nel dire che
dopo il Caos nacquero questi due, Terra ed
Eros. Parmenide poi, quanto alla nascita, dice:

> Primo di tutti gli dèi, inventò Eros.

c Così da molte parti si ammette concordemente
che Eros sia, tra gli dèi, il più antico. Ma se è
il più antico, è causa per noi dei più grandi
beni. Per parte mia, infatti, non posso affermare che vi sia un bene maggiore, sin dalla
prima giovinezza, che un nobile amante, e per
l'amante, che un fanciullo. In realtà, ciò che
deve guidare tutta la vita degli uomini desti-
nati a vivere in modo bello, è qualcosa che
non sono in grado di inculcarci, con una tale
bellezza, né la parentela, né gli onori, né la
ricchezza, né qualcos'altro, se non l'amore. E
d con ciò cosa intendo dire? La vergogna per le
cose brutte, e l'aspirazione alle belle: senza
di esse, infatti, non è possibile né ad una città,
né ad un privato, di compiere opere grandi e
belle. Affermo invero, per parte mia, che un
uomo il quale ami, se una sua azione vergognosa risulta manifesta, o se per viltà subisce
da altri qualcosa di brutto senza difendersi,

non si affliggerà tanto, nel caso in cui sia visto dal padre, o dai compagni, o da qualsiasi altro, quanto nell'essere visto dal suo fanciullo. E lo *e* stesso osserviamo anche nell'amato, che cioè si vergogna, più che di ogni altro, dei suoi amanti, quando sia visto mentre si comporta in modo brutto. Se dunque si offrisse un mezzo per formare una città o un esercito, di amanti e di amati, non sarebbe possibile che governassero la loro città in modo migliore, che per l'appunto astenendosi da tutte le cose vergognose e gareggiando tra loro nel desiderio di stima; e uomini siffatti, combattendo gli uni accanto 179 agli altri, vinceranno — pur essendo pochi — per così dire tutta l'umanità. Per l'uomo che ama, infatti, l'esser visto abbandonare il posto assegnatogli, o gettare le armi, sarà certo più intollerabile se a vederlo è l'amato, che qualsiasi altro, e piuttosto preferirà molte volte la morte. Quanto poi all'abbandonare nelle difficoltà l'amato, o a non soccorrerlo nel pericolo, non c'è nessuno così vile, che Eros stesso non renda posseduto dal dio, rispetto al coraggio, tanto da essere simile al più valoroso per natura. E in realtà, quello che disse Ome- *b* ro, che in alcuni eroi il dio *ispira la furia guerriera*, è ciò che Eros offre agli amanti, un dono sorto da lui stesso.

Il morire per un altro, di più, gli amanti soli lo vogliono; e non soltanto gli uomini, ma anche le donne. Di ciò d'altronde la figlia di Pelia, Alcesti, offre una testimonianza, sufficiente sostegno di fronte agli Elleni per questo nostro discorso: essa sola volle morire in luogo del suo sposo, mentre egli aveva padre *c* e madre, che quella tanto superò con un affetto che nasceva dall'amore, da dimostrarli estranei al figlio, e a lui congiunti solo per il nome; e avendo compiuto quest'atto, il suo agire sembrò così bello, non solo agli uomini, ma anche agli dèi, che questi ultimi, pur essendo molti coloro che hanno compiuto molte e belle imprese, concessero a pochi, che è facile contare, questo privilegio, di lasciar ritornare la loro anima dall'Ade, eppure l'anima di quella la lasciarono, ammirati del suo atto.

d Così anche gli dèi onorano in sommo grado lo slancio e l'eccellenza connessi all'amore. Al contrario cacciarono dall'Ade Orfeo, figlio di Eagro, inappagato, mostrandogli un fantasma della donna per la quale era venuto, senza tuttavia dare lei, poiché ad essi sembrava, in quanto suonatore di cetra, un uomo debole, privo del coraggio di morire per amore come Alcesti, e preoccupato invece di riuscire ad entrare vivo nell'Ade. Proprio per questo gli imposero una pena, e fecero che la sua morte

e avvenisse per opera di donne. Ben diversamente onorarono Achille, figlio di Teti, e lo mandarono alle isole dei beati, poiché, avendo saputo dalla madre che uccidendo Ettore sarebbe morto, e non facendo questo, invece, sarebbe ritornato in patria e sarebbe morto vecchio, egli osò scegliere — soccorrendo l'amante

180 Patroclo e vendicandolo — non solo di morire per lui, ma anche di seguire lui morto nella morte. Senza dubbio per questo gli dèi, pieni di ammirazione, gli concessero onori eccezionali, poiché aveva stimato in così alto grado l'amante. Eschilo invece dice un'assurdità,

quando afferma che Achille era l'amante di Patroclo, Achille, che era più bello non solo di Patroclo, ma anche di tutti gli eroi, e ancora imberbe, e inoltre assai più giovane, come dice Omero. Ma in realtà gli dèi, pur onorando più di ogni altra cosa questa eccellenza connessa all'amore, tuttavia maggiormente si meravigliano e ammirano e concedono favori *b* quando l'amato mostra amore verso l'amante, che quando l'amante lo mostra verso l'amato. Più divino, in realtà, è l'amante che l'amato: difatti è posseduto dal dio. E per questo onorarono Achille più di Alcesti, mandandolo alle isole dei beati.

Così dunque io affermo che Eros, fra gli dèi, è il più antico, e possiede la più grande dignità e autorità, rispetto all'acquisto dell'eccellenza e della felicità, per gli uomini sia vivi sia morti.

Tale pressappoco, raccontava, fu il discorso *c* pronunciato da Fedro. E dopo quello di Fedro ve ne furono alcuni altri, che non ricordava bene: tralasciandoli, riferì il discorso di Pausania. Costui disse:

– Non mi sembra, Fedro, che il tema del discorso ci sia stato presentato bene, con l'imporre così, semplicemente, di elogiare Eros. In realtà, se Eros fosse uno solo, tutto andrebbe bene: ma il fatto è che non è uno solo. E non essendo uno solo, è più corretto dire in precedenza quale si debba lodare. Io cercherò dun- *d* que di rettificare questo punto, anzitutto spiegando quale Eros occorre lodare, e in seguito lodandolo in modo degno del dio. Tutti inve-

27

ro sappiamo che, senza Eros, non esiste Afrodite. Orbene, se questa fosse una sola, uno solo sarebbe Eros; ma poiché ve ne sono due, è necessario che vi siano anche due Eros. E come potrebbero non essere due, le dee? L'una, senza dubbio, è più antica, senza madre, figlia del Cielo, cui perciò diamo il nome di celeste; l'altra è più giovane, figlia di Zeus e Dione, che *e* chiamiamo volgare. È dunque necessario che l'Eros compagno di quest'ultima venga rettamente chiamato volgare, e l'altro invece celeste. Bisogna lodare, è vero, tutti gli dèi, ma si deve cercare di dire ciò che ciascuno di questi due ebbe in sorte. Per ogni azione, in realtà, 181 le cose stanno a questo modo: come tale, in se stessa, nel suo compiersi, non è né bella né brutta. Per esempio, di ciò che ora noi facciamo — bere, o cantare, o conversare — non vi è nulla che, come tale, sia bello: risulta tale, piuttosto, nell'azione, secondo il modo in cui questa viene compiuta. Tutto ciò, invero, se è compiuto in modo bello e retto, diventa bello, se invece non è compiuto rettamente, brutto. Così dunque non è vero che ogni amare ed ogni Eros sia bello e degno di essere elogiato: lo è, piuttosto, l'Eros che incita ad amare in modo bello.

L'Eros dell'Afrodite volgare, orbene, è in verità volgare, e porta a compimento ciò che *b* capita: ed è quello che gli uomini dappoco amano. Costoro, anzitutto, amano le donne non meno dei fanciulli, in seguito, di quelli che amano, amano i corpi piuttosto che le anime, ed infine, per quanto è loro possibile, amano le persone più stolte, mirando soltanto al compimento dell'atto, senza curarsi che ciò avvenga in modo bello o no. Onde accade loro di fare indifferentemente ciò che capita, sia questo un bene oppure il contrario. Tale Eros, in realtà, deriva da quella dea che è assai più giovane dell'altra, e partecipa, per la sua na- *c* scita, sia della femmina sia del maschio. L'altro Eros, invece, deriva dall'Afrodite celeste, la quale anzitutto non partecipa della femmina, ma soltanto del maschio — e questo è l'amore per i fanciulli — e poi è più vecchia, priva di insolenza: perciò gli ispirati da questo amore si volgono verso il maschio, mostrando affetto per ciò che per natura è più forte e ha una sensibilità più penetrante. Ed è possibile, anche in questo stesso amore per i fanciulli, riconoscere coloro che sono spinti con *d* uno slancio puro da questo amore: difatti non amano i ragazzi, se non quando comincia ad approfondirsi la loro sensibilità, il che si accompagna al metter la barba. Coloro che cominciano ad amare da questo momento sono infatti decisi, io penso, a stare per tutta la vita assieme all'amato, vivendo in comune con lui, e non già ad ingannarlo, cogliendolo nella spensieratezza della prima gioventù e, prendendosi gioco di lui, andarsene, per correre dietro ad un altro. E bisognerebbe altresì che vi fosse una legge, la quale proibisse di amare i fanciulli, affinché molti sforzi non andassero *e* perduti per una speranza incerta: difatti è incerto il termine finale — della dappochezza e dell'eccellenza, nell'anima e nel corpo — cui giungeranno i fanciulli. Gli uomini di valore, invero, impongono spontaneamente a se stessi questa legge, ma bisognerebbe esercitare anche su questi amanti volgari una costrizione simile a quella con cui impediamo, per quanto ci è possibile, che essi abbiano rapporti amorosi con le donne libere. Sono costoro, d'altronde, che hanno screditato tutto ciò, al punto che alcuni osano dire che è vergognoso concedere i propri favori agli amanti; e dicono questo avendo in mente costoro, e osservando il loro comportamento inopportuno e sleale, poiché non c'è nulla che, se compiuto con decoro e secondo le leggi, possa procurare un giusto biasimo.

Quanto poi alla legge riguardante l'amore, nelle altre città è facile a comprendersi, poiché è fissata in modo semplice, ma qui e a Sparta è intricata. Difatti nell'Elide e presso i Beoti, e dove gli uomini non sono abili nel parlare, si è stabilito come legge, semplicemente, che è bello concedersi agli amanti — e nessuno, né giovane né vecchio, potrebbe dire che è vergognoso — in modo tale, io penso, da non trovarsi in difficoltà nel tentativo di persuadere con discorsi i giovani, data la loro incapacità a parlare. Nella Jonia, invece, e in molte altre regioni — quelle dominate dai barbari —, la cosa è ritenuta brutta. Per i barbari infatti essa è brutta — come pure l'amore della sapienza e degli esercizi fisici — a causa dei loro reggimenti tirannici. A coloro che comandano non conviene invero, io penso, che nei sudditi nascano pensieri grandi, né amicizie forti e una vita in comune, quali appunto l'amore, più di ogni altra cosa, suole generare. Il che impararono attraverso i fatti anche i tiranni di questa città, poiché l'amore di Aristogitone e l'amicizia — fattasi salda — di Armodio distrusse il loro dominio. A questo modo, dove si è decretato che è vergognoso concedersi agli amanti, ciò viene stabilito per la bassezza dei *d* legislatori, per l'arroganza dei dominatori, per la viltà dei sudditi; dove invece si è ritenuto che è bello semplicemente, ciò accade a causa di un'inerzia nell'anima dei legislatori. Qui da noi, invece, è stata data una legge molto più bella di queste, e, come ho detto, non facile a comprendersi. Si tenga presente, infatti, che è ritenuto più bello l'amare apertamente che non segretamente, e più bello soprattutto l'amare i più nobili ed eccellenti, quand'anche siano più brutti degli altri; che inoltre all'amante giungono, da parte di tutti, mirabili incoraggiamenti, non certo come se facesse qualcosa di vergognoso; e che bella sembra essere una conquista, brutto invece uno scacco. *e* E quanto agli sforzi dell'amante per giungere alla conquista, la legge ha dato il permesso di lodarlo, proprio quando compie azioni stupefacenti, per cui si procurerebbe i più grandi biasimi [della filosofia] chiunque osasse compierle, inseguendo e tentando di realizzare *183* qualcos'altro, all'infuori di questo. Se qualcuno, difatti, allo scopo di ottenere denaro da altri, o di esercitare una magistratura, o qualche altro potere, si inducesse a compiere quelle cose appunto che gli amanti fanno per i loro fanciulli — accompagnando le loro richieste con suppliche e implorazioni, prestando giuramenti, sdraiandosi a dormire dinanzi alle porte, assoggettandosi ad una schiavitù quale

nessuno schiavo vorrebbe subire — troverebbe un impedimento a comportarsi in questo modo sia negli amici sia nei nemici, poiché
b questi gli rimprovererebbero le sue adulazioni e il suo servilismo, e quelli lo ammonirebbero e si vergognerebbero di lui. All'amante che faccia tutte queste cose, invece, si guarda con benevolenza, e dalla legge gli è concesso di compierle senza incorrere nel biasimo, come se realizzasse un'opera bellissima. Ma ciò che è più stupefacente — almeno secondo il detto popolare — è che soltanto l'amante può giurare e avere il perdono dagli dèi, se trasgredisce il giuramento: dicono infatti che un giuramento amoroso non ha valore. A questo modo
c sia gli dèi sia gli uomini hanno concesso una libertà totale all'amante, a giudicare dalla legge in vigore presso di noi. Da questo punto di vista si potrebbe credere, dunque, che nella nostra città venga ritenuto bellissimo sia l'amare sia il diventare propensi agli amanti. Ma poiché i padri, imponendo dei pedagoghi agli amati, non permettono che questi discorrano con gli amanti — e il pedagogo ha appunto l'ordine di impedirlo — e poiché i coetanei e i compagni dell'amato lo biasimano, se vedono accadere qualcosa di simile, mentre
d i più anziani non impediscono tali biasimi, né rimproverano a chi li muove un linguaggio non giusto, allora si potrebbe credere, osservando tutto ciò, che per un altro verso tale rapporto sia ritenuto in questa città bruttissimo. Il problema peraltro, io penso, va impostato così: non si può affermare nettamente — come si è detto da principio — che, conside-

rata in se stessa, la cosa sia né bella né brutta, ma sarà bella, se compiuta in modo bello, e brutta, invece, se compiuta in modo brutto. Lo è in modo brutto, orbene, se si compiace a un amante volgare, e volgarmente; in modo bello, se a un amante nobile, e nobilmente. Volgare è quell'amante, che ha i gusti della massa, che ama il corpo più dell'anima: e in *e* realtà non è neppure costante, poiché instabile è l'oggetto che egli ama. Non appena infatti si offusca il fiore del corpo — quel fiore appunto che egli amava — « levandosi a volo se ne va », disonorando i suoi molti discorsi e le sue promesse. Ma chi ama un carattere che sia nobile, persiste nel suo amore per tutta la vita, poiché si confonde con qualcosa di stabile. Questi amanti, ordunque, la nostra legge li vuol met- 184 tere alla prova — con un criterio buono e bello — e vuole che agli uni si compiaccia, e che gli altri vengano evitati. Appunto per questo incoraggia gli uni a inseguire e gli altri a fuggire, presiedendo alla gara ed esaminando a quale delle due classi può appartenere l'amante, e a quale delle due, l'amato.
Per questa causa dunque si ritiene brutto, in primo luogo, il cedere rapidamente, e lo scopo è che trascorra del tempo, il quale appunto sembra ottimamente mettere alla prova la maggior parte delle cose; in secondo luogo, si reputa brutto l'esser conquistato dalla ricchezza e dalla potenza politica, sia che, nel subire affronti, uno si pieghi timoroso e non regga, *b* sia che, nel ricevere benefici quanto alla ricchezza o al successo politico, non li disprezzi: nulla di ciò, invero, pare essere né saldo né

permanente, senza contare che da queste cose non può sorgere un'amicizia nobile. Per la nostra legge, dunque, rimane una sola via, perché il fanciullo si conceda in modo bello all'amante. Tale infatti è la nostra legge: come per gli amanti non era adulazione, né alcunché di biasimevole, il voler sottostare a qual-

c siasi schiavitù rispetto ai loro fanciulli, così, d'altro canto, rimane un'altra sola schiavitù volontaria, che non sia biasimevole, quella cioè che riguarda l'eccellenza. Presso di noi, infatti, è decretato che, se qualcuno vuol votarsi al servizio di un altro, ritenendo di diventare migliore, attraverso di lui, o in qualche apprendimento, o in qualsiasi altro aspetto dell'eccellenza, questa spontanea schiavitù non è certo brutta, né un'adulazione. Bisogna dunque riunire assieme queste due leggi, quella che riguarda l'amore dei fanciulli con quella che riguarda l'amore della

d sapienza, e il resto dell'eccellenza, se deve avvenire che il concedersi del fanciullo all'amante risulti bello. Quando infatti l'amante e il fanciullo si incontrano in uno stesso punto, ciascuno dei due con la sua legge, l'uno di votarsi a un servizio che sia giusto, in ogni aiuto da lui dato al fanciullo che gli si è concesso, l'altro di sottomettersi in modo giusto, dal canto suo — in ogni assistenza —, a colui che gli dà sapienza e nobiltà; e il primo sia in

e grado di contribuire alla saggezza e al resto dell'eccellenza, il secondo abbia bisogno di arricchirsi, nell'educazione e nei restanti apprendimenti: allora dunque, convenendo in uno stesso punto queste leggi, soltanto così

34

accade che sia bello per il fanciullo concedersi all'amante, e in nessun altro modo. In questo caso non vi è nulla di brutto neppure nell'essere ingannati, ma in tutti gli altri casi tocca vergogna sia a chi viene ingannato, sia a chi non lo è. Se qualcuno, difatti, in vista della ricchezza si concede a un amante, che crede 185 ricco, e viene poi ingannato, non ricevendo denaro, in quanto l'amante si rivela povero, la cosa non risulta affatto meno vergognosa: a quanto pare, infatti, un uomo di questo genere mette certo in mostra la sua natura, cioè di esser disposto, per denaro, a rendere qualsiasi servizio a chicchessia, e questo non è davvero bello. Se qualcuno poi, secondo lo stesso discorso, dopo di essersi concesso all'amante, credendo nel suo valore, e con la convinzione di diventare egli stesso migliore attraverso l'amicizia dell'amante, risulta ingannato, una volta che l'altro si rivela dappoco e privo di eccel- *b* lenza, bello tuttavia è l'inganno: anch'egli infatti, a quanto pare, manifesta la propria natura, cioè di offrirsi con slancio — in vista dell'eccellenza e del diventar migliore — a chiunque e in qualsiasi cosa. E questo, a sua volta, è ciò che vi è di più bello, fra tutto. Così è certamente bello, in tutto e per tutto, il concedersi in vista dell'eccellenza. Questo è l'amore della dea celeste, amore celeste, di gran valore per la città e i privati: esso costringe sia l'amante sia l'amato a impegnare i propri sfor- *c* zi nel tendere all'eccellenza. Gli altri amori, invece, sono tutti dell'altra dea, la volgare. Questo — disse — ti offro, o Fedro, come improvvisato contributo intorno ad Eros.

Quando Pausania fece pausa — così mi insegnano i sapienti a cercare l'eguaglianza nella dizione — doveva parlare Aristofane (secondo il racconto di Aristodemo), ma lo colse il singhiozzo, o per il troppo cibo o per qualche altra ragione, e non era in grado di parlare. Ma poiché accanto a lui, più in basso, stava sdraia

d to Erissimaco, il medico, egli disse:

– Erissimaco, è giusto o che tu faccia cessare il mio singhiozzo, o che tu parli al mio posto, sinché me ne sarò liberato.

– Anzi, farò tutte e due queste cose. Io parlerò in tuo luogo, e tu, quando sarà cessato il singhiozzo, prenderai il mio posto. Inoltre, mentre io parlerò, trattieni per parecchio tempo il respiro, attendendo che il singhiozzo si decida a cessare. In caso contrario, gargarizza con del

e l'acqua. Se poi il singhiozzo è decisamente tenace, prendi qualcosa con cui solleticarti il naso, e starnutisci: se farai ciò una volta o due, il singhiozzo cesserà, per tenace che sia.

– Parla senza indugio – disse Aristofane – e io farò così.

E allora Erissimaco parlò:

– Mi sembra necessario, orbene — poiché Pausania, dopo di essersi slanciato in modo bello

186 nel discorso, non l'ha compiuto adeguatamente —, che tocchi a me il tentativo di porre un termine al discorso. La distinzione di un duplice Eros, in realtà, mi sembra corretta; peraltro, che Eros esista non solo nelle anime degli uomini, rivolto a coloro che sono belli, ma sia anche rivolto ad altri oggetti ed esista

in altri oggetti, nei corpi di tutti gli animali e nelle piante che crescono sulla terra e, per così dire, in tutti gli esseri, è un'osservazione, credo, che mi offre la medicina, la nostra arte: grande infatti e mirabile è questo dio, e su *b* tutto si estende il suo potere, sulle cose umane e su quelle divine. Darò inizio al discorso partendo dalla medicina, per rendere onore, inoltre, all'arte. La natura dei corpi, in realtà, contiene questo duplice Eros: nel corpo, infatti, ciò che è sano e ciò che è malato sono, per consenso unanime, differenti e dissimili. Il dissimile, peraltro, desidera e ama cose dissimili. Altro dunque è l'amore appartenente a ciò che è sano, altro quello appartenente a ciò che è malato. E allora, come poco fa Pausania diceva che è bello favorire gli uomini di valore, brutto invece gli incontinenti, così è *c* anche rispetto ai corpi: bello e doveroso è favorire ciò che, in ciascun corpo, ha valore ed è sano — e questo si chiama l'essere esperto in medicina — mentre brutto è favorire ciò che non ha valore ed è malato, ed occorre ostacolarlo, se si vuole possedere l'arte. La medicina infatti, per dirla in breve, è la scienza degli atteggiamenti amorosi del corpo rispetto al riempirsi e al vuotarsi, e chi distingue, in questi atteggiamenti, l'amore bello dal brutto, è *d* il medico più valente. E chi produce mutamenti, facendo acquistare, in luogo di un amore, l'altro, e sa instaurare l'amore nelle parti dove esso non è presente, ma dovrebbe sorgere, come sa eliminare quello che è presente, risulta, nella medicina, un pratico di valore. Occorre invero che egli sia in grado di rendere

amici gli elementi che, nel corpo, sono i più
nemici, e di far sì che si amino a vicenda. I
più nemici, peraltro, sono i più contrari, il
freddo al caldo, l'amaro al dolce, il secco al-
e l'umido, e tutti gli elementi di questo genere.
In quanto seppe far sorgere in essi amore e
concordia, Asclepio, nostro antenato, fondò,
come dicono i poeti qui presenti e come io
credo, la nostra arte. La medicina dunque,
come dicevo, è governata tutta quanta da que-
187 sto dio, e così pure la ginnastica e l'agricoltu-
ra: la musica, poi, è evidente a chi presti un
po' di attenzione, che si comporta identicamente alle altre, come forse intende dire anche Eraclito, sebbene, stando alle sue parole,
l'espressione non sia corretta. Dice, infatti, che
l'uno, « in sé discorde, con sé si accorda, come
l'armonia dell'arco e della lira ». È parecchio
assurdo, tuttavia, il dire che l'armonia sia discorde, o che derivi da ciò che è ancora discorde. Ma forse voleva dire, che essa sorge da
b ciò che era prima discorde — l'acuto e il grave — posto poi in accordo per opera dell'arte
musicale. In verità, dall'acuto e dal grave che
fossero ancora discordi non potrebbe nascere
un'armonia: l'armonia infatti è consonanza, e
la consonanza, a sua volta, è un accordo. L'accordo, poi, è impossibile che sorga da ciò che
è discorde, sintanto è discorde; ciò che è discorde e non si accorda, d'altro canto, è impossibile che si armonizzi. Appunto così il ritmo
c nasce dal veloce e dal lento, prima discordi,
ed in seguito accordatisi. E in tutti questi casi
l'accordo, come prima era introdotto dalla medicina, qui lo è dalla musica, che produce

38

amore reciproco e concordia: e la musica, a sua volta, è la scienza degli atteggiamenti amorosi riguardo all'armonia e al ritmo. E nella struttura stessa dell'armonia e del ritmo, invero, non è per nulla difficile riconoscere gli atteggiamenti amorosi, né d'altro canto vi si ritrova affatto un duplice amore; ma quando ci si debba servire, di fronte agli uomini, del ritmo e dell'armonia, o creando — il che viene *d* chiamato composizione lirica — o impiegando correttamente composizioni musicali e poetiche — il che ebbe il nome di educazione artistica — allora sorgono le difficoltà, e c'è bisogno di un valente artefice. Si ripresenta invero il medesimo discorso, che agli uomini viventi con ordine — e affinché acquistino maggior ordine quelli che ancora non lo posseggono — occorre concedersi, e conservare il loro amore; questo è l'amore bello, il celeste, l'amore della musa Urania. L'amore invece di Po- *e* limnia è quello volgare, che bisogna rivolgere con cautela a coloro cui può venir rivolto, per goderne il piacere, senza tuttavia che esso produca incontinenza alcuna; allo stesso modo, nella nostra arte è una questione ardua il saper utilizzare rettamente i desideri che riguardano l'arte della cucina, così da goderne il piacere, evitando la malattia. Dunque nella musica e nella medicina, e in tutte le altre attività, sia umane sia divine, bisogna prestare attenzione, per quanto è lecito, all'uno e all'altro amore: vi sono infatti contenuti entrambi. In realtà, anche la composizione delle 188 stagioni dell'anno è satura di tutti e due questi amori; e ogni volta che gli elementi di cui

39

proprio ora parlavo, caldi e freddi, secchi e umidi, trovano un amore ordinato nei loro rapporti reciproci, raggiungendo un'armonia e una fusione temperate, essi vengono a portare la prosperità e la salute agli uomini, agli altri animali e alle piante, e non recano alcun danno: ma quando l'amore che si accompagna alla tracotanza acquista un maggior potere nelle stagioni dell'anno, essi distruggono e

b danneggiano molte cose. Da ciò infatti sorgono di solito le epidemie, e molte altre svariate malattie, sia negli animali sia nelle piante; in realtà, la brina, la grandine e la ruggine del grano nascono dall'eccesso e dal disordine che tali atteggiamenti amorosi rivelano nei loro rapporti. La scienza di tutto ciò, riguardo al corso degli astri e alle stagioni dell'anno, viene chiamata astronomia. E ancora, tutti i sacrifici, e ciò che è sottoposto all'arte profetica — ossia la comunanza tra loro degli dèi e

c degli uomini — non si riferiscono ad altro se non alla conservazione e al risanamento dell'amore. L'empietà suole invero manifestarsi, ogni volta che qualcuno non favorisca l'amore ordinato, non l'onori né lo ponga al primo posto, in ogni azione, ma faccia ciò, piuttosto, rispetto all'altro amore, sia riguardo ai genitori — vivi e morti — sia riguardo agli dèi. In questo senso, dunque, l'arte profetica ha ricevuto l'incarico di tener d'occhio e di curare gli amanti, e l'arte profetica, dal canto suo, è

d l'artefice dell'amicizia fra dèi e uomini, per il fatto di conoscere quegli atteggiamenti amorosi — negli uomini — che tendono alla giustizia e al rispetto per gli dèi.

40

Eros, nella sua totalità, ha insomma una potenza così molteplice e grande, o piuttosto universale; ma l'Eros che con giustizia e continenza, riguardo alle cose eccellenti, è venerato sia da noi sia dagli dèi, è quello che possiede la più grande forza, che a noi procura ogni felicità, e ci mette in grado di stare assieme e di essere amici, tra noi, e con quelli che sono superiori a noi, gli dèi. Orbene, forse anch'io, lodando Eros, tralascio molte cose, *e* certo però senza volerlo. Ma se ho lasciato qualcosa, è compito tuo, Aristofane, il colmare la lacuna. Se invece hai in animo di elogiare il dio in qualche altro modo, elogialo, poiché anche il tuo singhiozzo è cessato.

Prendendo dunque la parola, raccontava, Aristofane disse: 189

– Senza dubbio è cessato, ma non prima che gli fosse somministrato lo starnuto; cosicché mi meraviglio che l'ordine del corpo abbia desiderio di siffatti rumori e pruriti, in cui consiste lo starnuto: infatti il singhiozzo subito cessò del tutto, quando ebbi applicato al corpo lo starnuto.

Ed Erissimaco replicò:

– Mio caro Aristofane, sta' attento a quel che fai. Cerchi di far ridere, quanto tocca a te parlare, e mi costringi a stare in guardia di *b* fronte al tuo discorso, e a badare se tu dici qualcosa che muova il riso, mentre potresti benissimo parlare in pace.

E Aristofane, ridendo, disse:

– Parli bene, Erissimaco, e quel che dicevo sia

come non detto. Ma non sorvegliarmi, perché io temo, riguardo a ciò che sto per dire, non già di suscitare il riso — questa infatti sarebbe la cosa migliore, e l'occupazione abituale della nostra musa —, ma di dire cose ridicole. Ed Erissimaco:

– Una volta scagliato il colpo, Aristofane, credi di sfuggire: ma concentra la tua attenzione, e parla come se dovessi rendere ragione. For-

c se, se ne avrò voglia, ti assolverò.

– Ebbene, Erissimaco, – disse Aristofane – ho proprio in animo di parlare diversamente da come sia tu che Pausania avete parlato. Mi sembra infatti che gli uomini non si rendano conto per nulla della potenza dell'amore, poiché, se l'avvertissero, certo costruirebbero per lui i più grandi templi, ed altari, e gli offrirebbero i sacrifici più grandi; non già come ora, in cui nulla di ciò accade per lui, mentre più di tutto dovrebbe accadere. È invero, tra gli dèi, il più amico degli uomini, poiché degli

d uomini è protettore, e medico di quei mali, la cui guarigione sarebbe per il genere umano la più grande felicità. Io cercherò ora di spiegarvi qual è la sua potenza, e voi sarete maestri agli altri. Ma dapprima occorre che voi impariate che cos'è la primitiva natura umana, e le modificazioni da essa subite. Anticamente, infatti, la nostra natura non era la stessa di ora, ma differente. Anzitutto, invero, i generi dell'umanità erano tre, e non due — come adesso —, il maschio e la femmina; piuttosto, c'era

e inoltre un terzo genere, partecipe di entrambi

42

i suddetti, di cui ora rimane il nome, ma esso, come tale, è scomparso. A quel tempo infatti l'androgino era un'unità, e partecipava, per aspetto e per nome, di entrambi, il maschio e la femmina, ma ora non è se non un nome, di intenzione oltraggiosa. In secondo luogo la forma di ogni uomo era, tutta quanta, arrotondata, con il dorso e i fianchi disposti in cerchio; ciascuno aveva quattro mani, e gambe in numero uguale alle mani, e, sopra un collo tornito circolarmente, due volti, in ogni punto simili; aveva poi un'unica testa per entrambi i 190 volti, situati l'uno all'opposto dell'altro, e quattro orecchi, e due organi genitali, e tutte le altre parti, secondo ciò che si potrebbe raffigurare partendo da queste. Ed essi potevano anche camminare diritti, come ora, in quale delle due direzioni volessero; oppure, quando si avviavano velocemente in corsa — come volteggiano in cerchio gli acrobati, che fanno ruotare completamente le gambe — appoggiandosi sulle estremità, che allora erano otto, si muovevano rapidamente in cerchio. E i generi erano tre, e di tale natura, per la seguente ragio- *b* ne: il maschio era in origine progenie del sole, la femmina della terra, e il genere partecipe di entrambi era progenie della luna, poiché anche la luna partecipa del sole e della terra; essi stessi, dunque, erano sferici, e circolare il loro procedere, per la somiglianza con i loro genitori. Così, erano terribili per il vigore e la possanza, nutrivano propositi arroganti, e tentarono un attacco contro gli dèi; e ciò che Omero dice di Efialte e di Oto — il tentativo di dare la scalata al cielo, per assalire gli dèi —

c si adatta a quelli. Zeus e gli altri dèi, orbene, si consultavano su ciò che dovessero fare, ed erano in difficoltà: non sapevano decidersi, invero, né ad ucciderli e, fulminandoli come i Giganti, fare scomparire la schiatta — sarebbero in tal caso scomparsi gli onori e i sacrifici che potevano giungere loro da parte degli uomini — né a lasciarli infuriare. Dopo faticose riflessioni, Zeus dichiara: « Ho un mezzo, credo, perché gli uomini possano esistere, eppure abbandonino la sfrenatezza, una volta divenuti

d più deboli. Ora infatti » disse « taglierò ciascuno di loro in due, ed essi da un lato saranno più deboli, e d'altro lato saranno al tempo stesso più utili a noi, per l'accrescersi del loro numero; e cammineranno eretti, su due gambe. Ma se ancora pretenderanno di infuriare, e non vorranno rimanere tranquilli, una seconda volta » disse « li taglierò in due, cosicché cammineranno su una gamba sola, saltellando ». Ciò detto, tagliò gli uomini in due, come quelli che tagliano le sorbe per metterle

e in conserva, o come quelli che tagliano le uova con un capello; e man mano che tagliava qualcuno, ordinava ad Apollo di rovesciare verso il lato del taglio il volto e la metà del collo, perché l'uomo, contemplando la propria sezione, fosse più moderato, e comandava di risanare tutto il resto. E quello rovesciava il volto, e raccogliendo e tirando da ogni parte la pelle su ciò che oggi è chiamato ventre — come le borse che si chiudono tirando a questo modo — manteneva una sola apertura e la stringeva fortemente nel mezzo del ventre, il che appunto viene chiamato ombelico. E spiana-

va quasi tutte le numerose rugosità, e foggia-
va le varie parti del petto, con uno strumento
simile a quello con cui i calzolai spianano sulla forma delle scarpe le rugosità del cuoio; ne
lasciò tuttavia alcune, proprio quelle intorno
al ventre e all'ombelico, perché fossero un ve-
stigio dell'antico evento. Allora, una volta di-
visa in due la natura primitiva, ciascuna metà,
bramando la metà perduta che era sua, la rag-
giungeva; e avvincendosi con le braccia e in-
trecciandosi l'una con l'altra, per il desiderio
di fondersi assieme, perivano di fame e, anche
per il resto, di inazione, perché non volevano
fare nulla l'una separata dall'altra. E ogni vol- *b*
ta che una delle metà moriva, mentre l'altra
rimaneva in vita, la superstite cercava un'altra metà e si intrecciava con essa, sia che si
imbattesse nella metà di una donna tutta inte-
ra — la metà appunto che ora chiamiamo donna — sia che si imbattesse in quella di un uomo. E così perivano. Ma Zeus, mosso da pietà,
appresta un altro artificio, e sposta sul davanti i loro genitali — sino allora, infatti, avevano
anche questi sul lato esterno, e generavano e
partorivano, non già gli uni verso gli altri, ma *c*
sulla terra, come le cicale —, spostò dunque a
questo modo i loro genitali sul davanti, e mediante questi stabilì la generazione tra di loro,
attraverso il maschio nella femmina, con lo
scopo che, nell'abbraccio, se un uomo si imbatteva in una donna, generassero e si produ-
cesse la stirpe, e al tempo stesso, se un maschio
si imbatteva invece in un maschio, sorgesse
almeno la sazietà di quella congiunzione, e fa-
cessero pausa, e si volgessero all'agire, e si

curassero del resto della vita. Da un tempo co-
d sì remoto, dunque, è connaturato negli uomini l'amore degli uni per gli altri; esso ricon-
giunge la natura antica, e si sforza di fare, di
due, uno, e di guarire la natura umana. Ciascuno di noi è quindi un complemento di uomo, in quanto è stato tagliato — come avviene
ai rombi — da uno in due: ciascuno, dunque,
cerca sempre il proprio complemento. Tra gli
uomini, orbene, tutti quelli che sono una parte tagliata dal genere congiunto, che allora si
chiamava appunto androgino, si rivolgono con
desiderio alle donne, e da questo genere deri-
vano, per la massima parte, gli adulteri; del
pari da questo genere discendono tutte le don-
e ne desiderose degli uomini e le adultere.
Quanto poi alle donne formate dalla sezione
di una donna, esse non prestano per nulla attenzione agli uomini, ma si rivolgono piuttosto verso le donne, e da questo genere nascono
le tribadi. Tutti quelli, infine, formati dalla
sezione di un maschio, inseguono i maschi, e
sin tanto che sono fanciulli, essendo frammenti del maschio, amano gli uomini, e godono di
giacere assieme agli uomini, avvinti stretta-
mente ad essi; e tra i fanciulli e gli adolescen-
192 ti, questi sono i più eccellenti, in quanto sono
per natura i più coraggiosi. Certo, alcuni affermano che essi sono degli spudorati, ma dicono
il falso: non è per spudoratezza, infatti, che si
comportano così, bensì per ardimento, coraggio e virilità, attaccati a ciò che è simile a
loro. E di questo c'è una prova importante:
giunti alla maturità, infatti, soltanto gli uomini di tale natura si dimostrano adatti alla po-

46

litica. Quando sono diventati uomini, inoltre, amano i fanciulli, e non si interessano del matrimonio e della procreazione dei figli, per loro natura, ma vi sono costretti dalla legge: a loro basta, piuttosto, passare la vita assieme, senza nozze. Un tale individuo, dunque, diventa in tutti i modi sia amante dei fanciulli, sia innamorato degli amanti, attaccandosi sempre a ciò che gli è affine. Orbene, quando l'amante dei fanciulli, o qualsiasi altro, si imbatta appunto in quella che è la propria metà, allora precisamente essi sono sopraffatti in modo mirabile dall'affetto, dall'intimità e dall'amore; e non vogliono, se così si può dire, separarsi l'uno dall'altro, neppure per breve tempo. E coloro che trascorrono assieme tutta la vita sono individui, che non saprebbero neppure dire cosa vogliono ottenere l'uno dall'altro. Nessuno invero potrà credere che si tratti del contatto dei piaceri amorosi, ossia che in vista di ciò l'uno si rallegri di stare vicino all'altro, con uno slancio così grande: è evidente, al contrario, che l'anima di entrambi vuole qualcos'altro, che non è capace di esprimere; di ciò che vuole, piuttosto, essa ha un presentimento, e parla per enigmi. E se, mentre giacciono accostati, Efesto comparisse dinanzi a loro, con i suoi strumenti, e domandasse: « Che cos'è, uomini, ciò che volete ottenere l'uno dall'altro? », e se, di fronte al loro imbarazzo, di nuovo li interrogasse: « Forse è questo che desiderate, l'accostarvi quanto più è possibile l'uno all'altro, così da non rimanere staccati, né di notte né di giorno, l'uno dall'altro? se desiderate questo, voglio fondervi e

saldarvi in qualcosa di unico, in modo che, da
e due che siete, diventiate uno, e finché rimarrete in vita, viviate entrambi in comunione,
come un essere solo, e quando sarete morti,
ancora laggiù, nella dimora di Ade, siate uno
in luogo di due, in comunione anche da morti; guardate dunque, se tale è l'oggetto della
vostra passione, e se vi appagate di raggiungere questo»: noi sappiamo che neppur uno
di costoro, udendo ciò, rifiuterebbe, o manifesterebbe di volere qualcos'altro; ciascuno,
piuttosto, riterrebbe senz'altro di aver udito
proprio quello che da gran tempo agognava:
diventare — congiungendosi e confondendosi
con l'amato — da due uno. La causa di ciò,
invero, è che la nostra natura antica era cosiffatta, e noi eravamo interi: alla brama e all'inseguimento dell'interezza, orbene, tocca il no-
193 me di amore. E in precedenza, come ho detto,
eravamo un'unità, mentre adesso, per avere
agito male, siamo stati dispersi dal dio, come
gli Arcadi dai Lacedemoni. C'è dunque da temere, se non ci comportiamo bene verso gli
dèi, di essere spaccati ancora una volta, e di
andare in giro come se fossimo le figure modellate di profilo, in bassorilievo, sulle stele,
segati a metà lungo la linea del naso, trasformati in contrassegni, come i due frammenti
di un dado spezzato. Proprio per questo bisogna esortare ogni uomo ad agire con riverenza
riguardo agli dèi, in tutti i punti, al fine, da
b un lato, di sfuggire a qualcosa, e, d'altro lato,
di cogliere qualcosa, secondo che ci guida e ci
comanda Eros. Nessuno agisca contro di lui
— contro di lui, peraltro, agisce chiunque si

renda odioso agli dèi — poiché, se diventiamo amici del dio e ci riconciliamo con lui, scopriremo e incontreremo proprio i nostri fanciulli, il che accade a pochi degli uomini di oggi. Ed Erissimaco non mi faccia una ritorsione, irridendo il mio discorso, come se io mi riferissi a Pausania e ad Agatone: anch'essi invero fanno forse parte dei suddetti, e sono forse *c* entrambi — quanto alla natura primitiva — maschi. Ma in realtà io, riferendomi a tutti, sia uomini sia donne, dico che la nostra schiatta diverrebbe felice, nel caso in cui portassimo l'amore al suo compimento, e ciascuno incontrasse la giovane persona amata che è sua, ritornando alla natura antica. E se questo è l'ottimo, è necessario altresì che tra le cose oggi alla nostra portata sia ottima quella che più vi si approssima, e tale è l'incontro con una persona amata, la cui natura si accordi coi nostri desideri. Se vogliamo dunque celebrare un dio che sia la causa di ciò, sarà giusto celebrare Eros, il quale sia nel tempo presente ci pro- *d* cura i più grandi benefici, conducendoci verso ciò che ci appartiene, sia per il tempo avvenire offre le speranze più grandi, se noi offriremo riverenza verso gli dèi, che — ricostituendoci nella nostra natura antica e risanandoci — ci renderà beati e felici.

— Questo, o Erissimaco, raccontava, è il mio discorso su Eros, differente dal tuo. Ora, come ti ho pregato, non irriderlo, in modo che possiamo ascoltare che cosa dirà ciascuno di quelli che ancora rimangono, o meglio, che cosa *e* dirà ciascuno dei due rimanenti: restano infatti soltanto Agatone e Socrate.

– Ebbene, voglio ubbidirti – disse, secondo il racconto, Erissimaco – giacché il discorso da te pronunciato è stato per me assai piacevole. E se già non sapessi bene, riguardo sia a Socrate sia ad Agatone, che sono mirabilmente forti in materia di amore, avrei davvero paura che si trovassero in imbarazzo per tenere i loro discorsi, a causa delle molte e svariate cose che già sono state dette. Ora invece, nonostante ciò, nutro fiducia.

194 Socrate, allora, disse:

– In realtà, Erissimaco, per parte tua hai gareggiato con onore; ma se tu ti trovassi nella situazione in cui sono io ora, o piuttosto, in quella in cui probabilmente mi troverò dopo che anche Agatone avrà parlato in modo eccellente, non solo avresti una grande paura, ma saresti altresì in grande pericolo, come sono io adesso.

– Vuoi stregarmi con l'adulazione – disse Agatone – perché io sia gettato nella confusione, col credere che gli spettatori siano in grande attesa, nella speranza che io parli bene.

– Sarei davvero smemorato, Agatone – repli*b* cò Socrate – se, dopo aver visto il tuo coraggio e la tua grandezza d'animo, quando salivi sulla scena con i tuoi attori, guardavi in faccia un pubblico così numeroso, sul punto di presentargli la tua espressione artistica, e non eri preso proprio per nulla dal panico, ora io credessi che tu potrai cadere in confusione a causa di noi, che siamo pochi uomini.

– Ma che dici, Socrate? – riprese Agatone –

Non crederai, spero, che io sia così immerso nel teatro da ignorare che, per chi ha discernimento, pochi saggi sono più temibili di molti stolti.

– Non mi comporterei davvero bene, Agatone, – disse Socrate – se di te nutrissi un'opinione, che ti attribuisca qualcosa di volgare: al contrario, so benissimo che, se tu incontrassi delle persone da te credute sapienti, le terresti in maggior conto della moltitudine. Ma temo che noi non siamo tali. Al teatro, infatti, eravamo presenti anche noi, e facevamo parte della folla. Se tu incontrassi invece altre persone, che fossero sapienti, ti vergogneresti probabilmente di fronte a loro, se per caso tu ritenessi di fare qualcosa che è ignobile. Non è così?

– È la verità – rispose.

– E di fronte alla moltitudine non ti vergogneresti, se tu ritenessi di fare qualcosa di ignobile?

E Fedro, secondo il racconto, intervenne a dire:

– Caro Agatone, se rispondi a Socrate, a lui non importerà più nulla della piega che prenderanno qui le cose, purché abbia con chi discutere, specie poi trattandosi di un bel giovane. Io, certo, ascolto volentieri Socrate discutere, ma è necessario che mi prenda cura dell'elogio spettante ad Eros, e che io riceva da ciascuno di voi il suo discorso. Ciascuno di voi due conceda quindi ciò che è dovuto al dio, e allora potrete senz'altro discutere.

– Dici bene di sicuro, Fedro, – esclamò Agatone – e nulla mi impedisce di parlare; anche

51

in seguito, difatti, sarà più volte possibile discutere con Socrate.

Io voglio, dunque, anzitutto dire in che modo bisogna dire, e in seguito dire. Invero, tutti quelli che hanno parlato prima, a me sembra, non hanno elogiato il dio, ma hanno chiamato felici gli uomini per i beni di cui il dio è causa rispetto ad essi. Ma quale natura abbia il dio, come tale, per cui egli fa questi 195 doni, nessuno l'ha detto. Uno solo, peraltro, è il modo giusto di formulare qualsiasi elogio riguardo a chiunque: spiegare discorsivamente, di colui che è oggetto del discorso, quale dev'essere la sua natura, perché egli risulti causa di certe cose. Così dunque è giusto che anche noi elogiamo Eros: anzitutto lui stesso, quale è, e in seguito i suoi doni. Io pertanto affermo che fra gli dèi — i quali sono tutti felici — Eros, se dire ciò è lecito e non suscita l'ira divina, è il più felice di tutti, essendo il più bello e il più eccellente. Ed è il più bello per questa natura che spiego. In primo luogo è il più giovane fra gli dèi, o Fedro. Una pro-
b va importante di questa tesi, peraltro, la offre egli stesso. È la fuga con cui egli fugge la vecchiaia, la quale è assai veloce, com'è noto: essa avanza verso di noi, in ogni caso, più presto del necessario. Eros appunto, per sua natura, la odia e non si muove verso di essa neppure a gran distanza. Al contrario, sempre egli vive e sta assieme ai giovani: ha ragione, invero, il detto antico, che il simile sempre si accosta al simile. Ed io, che sono d'accordo in molte al-

tre cose con Fedro, tuttavia non sono d'accordo con lui in questo, che Eros sia più antico di Crono e di Iapeto: affermo, piuttosto, che egli è il più giovane fra gli dèi, e sempre giovane, e che le antiche vicende circa gli dèi — narrate da Esiodo e Parmenide — sono invece da attribuire ad Ananche e non a Eros, se mai costoro hanno detto la verità; non ci sarebbero stati infatti, né evirazioni né incatenamenti, fra gli dèi, né le numerose altre violenze, se Eros fosse stato in mezzo a loro, bensì amicizia e pace, come adesso, da quando Eros regna sugli dèi. È dunque giovane, e, oltre che giovane, morbido; ma gli manca un poeta, quale fu Omero, perché sia messa in luce la morbidezza del dio. Di Ate, infatti, Omero afferma sia che è una dea, sia che è morbida — che i suoi piedi, almeno, sono morbidi — dicendo:

morbidi sono i suoi piedi, né invero al suolo si
[accosta,
ma ecco, sulla testa degli uomini essa cammina.

Mi sembra dunque che egli riveli la morbidezza con un ottimo segno: la dea non cammina sul duro, ma sul molle. Ci serviremo quindi anche noi del medesimo segno, riguardo ad Eros, per provare che è morbido. Non cammina infatti sulla terra, né sui crani — che non sono proprio teneri —, ma cammina e dimora fra ciò che vi è di più tenero. In realtà, egli stabilisce la sua dimora nel carattere e nell'anima degli dèi e degli uomini, ma non già indifferentemente in tutte le anime: piuttosto, ogni volta che incontra un'anima che abbia un carattere duro, se ne va, e quando invece ne incontra una con un carattere tenero, fissa qui la sua sede. Essendo dunque sempre in contatto, sia con i piedi sia in ogni parte, con ciò che — fra le cose più tenere — vi è di più tenero, è necessario che sia il più morbido degli esseri. È quindi il più giovane e il più morbido, e oltre a ciò, nell'aspetto, è fluido. Non sarebbe invero capace di avvolgersi da ogni lato, e di rimanere a tutta prima inosservato, quando — attraverso ogni anima — sia entra sia esce, se fosse rigido. E della sua figura adattabile e fluida, grande prova è la grazia, che, per comune accordo, Eros possiede in modo preminente, rispetto a ogni cosa: tra la mancanza di grazia ed Eros, infatti, c'è sempre stata una reciproca guerra. La bellezza del colorito, poi, è significata dalla vita che il dio passa tra i fiori: su ciò che è privo di fiore, o

b sfiorito, invero, sia corpo sia anima sia qualunque altra cosa, Eros non si posa; dove invece si trovi un luogo ricoperto di fiori e profumato, là egli si pone a sedere e rimane.

Intorno alla bellezza del dio, orbene, questo basti, anche se molto rimane ancora da dire. Ma occorre parlare, dopo di ciò, dell'eccellenza di Eros. Il punto più importante è che Eros non fa ingiustizia né la subisce, né da un dio né a un dio, né da un uomo né a un uomo. Egli stesso invero, se subisce un qualcosa, non lo subisce per violenza — difatti la violenza

c non può afferrare Eros — né, se fa alcunché, lo fa con violenza. Ciascuno, in realtà, si mette spontaneamente al servizio di Eros, in tutto,

e le cose su cui dalle due parti si è spontaneamente d'accordo — affermano « le leggi, re-
gine della città » — sono giuste. E oltre che
della giustizia, egli partecipa della più grande
moderazione. Infatti, si ammette concordemente che la moderazione consista nel dominio sui piaceri e i desideri, e che, d'altro canto, nessun piacere sia più forte di Eros. Ma se
i piaceri sono più deboli di lui, saranno domi-
nati da Eros, ed egli li dominerà, e, dominando i piaceri e i desideri, Eros sarà moderato
in modo preminente. Riguardo al coraggio,
inoltre, ad Eros « neppur Ares può opporsi ». *d*
Non è Ares, difatti, a possedere Eros, bensì
Eros a possedere Ares — lo possiede l'amore
per Afrodite, come si narra — e colui che possiede è più forte di chi è posseduto. Orbene
Eros, dominando il più coraggioso di tutti gli
altri, sarà il più coraggioso di tutti. Si è dunque parlato intorno alla giustizia e alla moderazione e al coraggio del dio, e rimane invece
da dire riguardo alla sua sapienza: per quanto
è possibile, orbene, bisogna sforzarsi di non essere in difetto. E anzitutto — perché, anch'io,
a mia volta, possa onorare la nostra arte, come Erissimaco ha onorato la sua — il dio è *e*
creatore, così sapiente da rendere creatore anche un altro. In ogni caso, chiunque sia affer-
rato da Eros diventa creatore, « anche se in
precedenza era estraneo alle Muse ». È dunque conveniente servirci di tale testimonianza,
per affermare che Eros è creatore eccellente
— in generale — in ogni creazione che riguardi
la poesia unita alla musica: in effetti, ciò che
uno o non possiede o non conosce, non po-

trebbe né darlo ad un altro né insegnarlo ad un altro. Inoltre, per quanto concerne la creazione di tutti gli esseri viventi, chi contesterà che appartenga ad Eros la sapienza, per cui tutti i viventi nascono e sono generati? Del resto, quanto alla pratica delle arti, non sappiamo forse che chi abbia ottenuto come maestro questo dio è risultato celebre ed illustre, e chi invece non sia stato toccato da Eros, oscuro? In verità, Apollo scoprì l'arte del tiro con l'arco, e la medicina, e la divinazione, sotto la guida del desiderio e dell'amore, di modo che anche costui sarà un discepolo di Eros, come le Muse lo saranno nella musica, ed Efesto nell'arte del fabbro, e Atena nella tessitura, e *Zeus nel governo degli dèi e degli uomini.* Onde furono composti altresì i dissidi degli dèi, per l'intervento di Eros, dell'amore — evidentemente — per la bellezza: l'amore, invero, non si attacca alla bruttezza. Sino a quel momento invece, come ho detto da principio, accadevano presso gli dèi molte cose terribili, secondo quel che si racconta, a causa del dominio di Ananche. Da quando nacque questo dio, peraltro, l'amare le cose belle fece sorgere, sia per gli dèi sia per gli uomini, tutti i beni.

c Così sembra a me, o Fedro, che Eros, essendo anzitutto lui stesso il più bello e il più eccellente, sia in seguito la causa, per gli altri, di altre cose di tale natura. E mi viene in mente di parlare anche in versi: è costui che produce

pace fra gli uomini, calma sul mare,
un cessare dei venti, un letto e un sonno nell'ansia.

È lui che ci svuota dell'estraneità e ci riempie *d*
di intimità, ordinando che si adunino tutti i
convegni — come questo — degli uni con gli
altri, e facendosi guida nelle feste, nelle danze,
nei sacrifici; offrendo la mansuetudine e met-
tendo al bando la selvatichezza; distribuendo
generosamente la benevolenza e rifiutando la
malevolenza; propizio ed eccellente; oggetto
di contemplazione per i sapienti, di ammirazione per gli dèi; invidiabile per coloro che
non hanno fortuna, desiderabile per coloro
che dalla fortuna sono favoriti; padre della
squisitezza, del lusso, della delicatezza, della
leggiadria, del desiderio, della bramosia; pre-
muroso verso chi ha valore, incurante di chi
è dappoco; di fronte alla fatica, al terrore, alla
brama, alla parola, ottimo nel prendere il ti- *e*
mone, nel combattere dall'alto, nel soccorrere
in battaglia e nel dare la salvezza; ordine di
tutti gli dèi e gli uomini, la guida più bella
ed eccellente, che ogni uomo deve seguire ce-
lebrandola come si conviene, e partecipando
all'ode che egli canta, e con cui ammalia l'animo di tutti gli dèi e gli uomini.
Questo discorso, raccontava, che viene da me,
o Fedro, sia dedicato al dio: di esso fanno parte, per quanto sono capace, ora lo scherzo e
ora una moderata serietà.

Ora, quando Agatone ebbe parlato, raccontava 198
Aristodemo, tutti i presenti applaudirono ru-
morosamente, convinti che il giovane avesse
parlato in modo degno di se stesso e del dio.

Socrate allora intervenne, e guardando verso Erissimaco:

– Ti sembra forse, figlio di Acumeno, – disse – che prima io abbia avuto paura mentre non c'era motivo di averne, o piuttosto non credi che io abbia pronunciato profeticamente ciò che ho detto poco fa, che Agatone avrebbe parlato mirabilmente, ed io mi sarei trovato in imbarazzo?

– Per un verso – replicò Erissimaco – hai detto profeticamente, io penso, che Agatone avrebbe parlato bene; per l'altro verso, invece, che tu ti saresti trovato in imbarazzo, non credo.

b – E come potrei, caro mio, – disse Socrate – non essere in imbarazzo, io come chiunque altro, dovendo parlare dopo che è stato pronunciato un discorso così bello e ricco? E già il resto era degno di ammirazione, certo non nella stessa misura; ma nell'ascoltare la parte finale, con quella bellezza dei nomi e dei verbi, chi non sarebbe rimasto stordito? Per parte mia, in effetti, considerando che io stesso non sarei stato capace di dire nulla di bello che almeno si avvicinasse a questo, per poco me ne scappavo via per la vergogna, se in qualche *c* modo avessi potuto. Giacché questo discorso mi richiama alla memoria Gorgia, al punto che ho provato precisamente quello di cui parla Omero: avevo il terrore che alla fine Agatone, gettando nel suo discorso — contro il mio discorso — la testa di Gorgia, terribile oratore, facesse di me una pietra, per l'incapacità di parlare. E allora mi resi conto senz'altro di essere stato ridicolo, quando acconsentii ad elogiare insieme a voi Eros, secondo il mio turno, e dissi di essere forte in materia di amore, mentre non sapevo davvero niente sulla questione del come si debba elogiare checchessia. Io invero, per stupidità, credevo che riguardo ad ogni oggetto da elogiare occorresse dire la verità, e che ciò dovesse rimanere alla base; in seguito, scegliendo le più belle tra queste stesse verità, che bisognasse disporle nel modo più conveniente. E quindi pensavo presuntuosamente che avrei parlato bene, poiché conoscevo la verità, rispetto alla lode di checchessia. Orbene, a quanto pare, non consisteva invece in questo il lodare in modo corretto checchessia, bensì nell'attribuire all'oggetto tutto ciò che può esserci di più grande e di più bello, tanto se le cose sono a *e* questo modo, quanto se non lo sono. Se poi tutto ciò è falso, non importa nulla. Si è stabilito difatti in precedenza, come sembra, che ciascuno di noi avrebbe assunto l'atteggiamento di elogiare Eros, e non già che l'avrebbe elogiato. Appunto per questo, io penso, suscitate ogni argomento, per riferirlo ad Eros, e dite che egli ha siffatte qualità ed è causa di tante cose, affinché risulti, per quanto è possibile, il più bello e il più eccellente, agli occhi 199 — è chiaro — di chi non lo conosce: invero agli occhi di chi sa, senza dubbio, non potrà risultare tale. E certo la lode si presenta bella e maestosa. Senonché io non sapevo appunto in che modo sarebbe stata condotta la lode, e, non sapendolo, acconsentii, di fronte a voi, a pronunciare anch'io una lode, secondo il mio turno. *La lingua* dunque promise, *ma il cuore* no: la questione, quindi, è chiusa. In realtà, non intendo ormai fare l'elogio in questo modo, e invero non ne sarei capace. Le cose vere, *b* nondimeno, se volete, intendo dirvele, alla mia maniera, non già come replica ai vostri discorsi, per non suscitare contro di me il riso. Guarda dunque, Fedro, se hai un certo bisogno ancora di un discorso di questo genere, di ascoltare cioè riguardo ad Eros parole vere, ma con un'espressione e una disposizione della frase tali, quali si presentano per caso.

Fedro allora, raccontava, e gli altri lo pregarono di parlare, nel modo appunto in cui egli stesso ritenesse di doversi esprimere.

– Ebbene, Fedro, – disse Socrate – permettimi di fare ad Agatone alcune piccole domande, affinché, ottenuto il suo assenso, io possa così finalmente parlare.

c – Ma te lo concedo, – disse Fedro – interroga dunque.

Dopo di che, secondo il racconto, Socrate cominciò pressappoco così.

– In verità, caro Agatone, mi sembra che tu abbia iniziato bene il tuo discorso, dicendo che bisogna mostrare anzitutto quale natura abbia Eros, come tale, e in seguito le sue opere. Questo esordio lo ammiro molto. Suvvia dunque, riguardo ad Eros, dato che per il resto hai spiegato in modo bello e magnifico la sua natura, dimmi anche questo: Eros è di na- *d* tura tale da essere amore di qualcosa, oppure di nulla? E domando, non già se è di una madre o di un padre – sarebbe infatti ridicola la domanda, se Eros sia amore verso una madre o

60

un padre — bensì nello stesso modo in cui, riguardo a questo stesso oggetto, padre, potrei domandare: il padre è padre di qualcosa oppure no? Ritengo che mi diresti, se tu volessi rispondere correttamente, che il padre è, certo, padre di un figlio o di una figlia. Non è così?

– Senza dubbio – disse Agatone.

– Dunque anche per la madre è lo stesso?

Anche questo fu ammesso.

– Ebbene, – disse Socrate – continua a rispon- *e* dere ancora un poco, affinché tu comprenda meglio che cosa voglio. Se invero io domandassi: « Dunque, il fratello, proprio ciò che è, è fratello di qualcosa oppure no? ».

Disse che lo è.

– Allora, di un fratello o di una sorella?

Lo ammise.

– Cerca ora – disse Socrate – di dirlo anche per l'amore. Eros è amore di nulla o di qualcosa?

– Di qualcosa, non c'è dubbio.

– Orbene, – disse Socrate – questo tienilo per 200 te, ricordandoti di che cosa si tratta. Mi basta, ora, che tu dica se Eros, quello di cui è amore, lo desidera oppure no.

– Certamente – rispose.

– Forse che, possedendo appunto ciò che desidera ed ama, tuttavia lo desidera e lo ama, oppure invece lo desidera e lo ama non possedendolo?

– Non possedendolo, – rispose – a giudicare secondo ciò che è verosimile.

– Considera ora, – disse Socrate – se, anziché verosimile, quanto segue non sia piuttosto ne-

61

cessario, che ciò che ha desiderio desideri quel-
b lo di cui è mancante, e non lo desideri se non
ne è mancante. Io, invero, sono straordinaria-
mente convinto, Agatone, che sia necessario.
E a te come sembra?
– Sembra anche a me – disse.
– Dici bene. Uno che è grande desidererà forse di essere grande, o uno che è forte, di essere forte?
– Da quello che si è ammesso, risulta impossibile.
– Chi già è qualcosa, in effetti, non può certo
esserne mancante.
– È la verità.
– Poniamo infatti che chi è forte desideri di
essere forte – disse Socrate – e chi è veloce,
veloce, e chi è sano, sano. In realtà, qualcuno forse potrebbe credere, riguardo a queste
qualità e a tutte quelle consimili che coloro
c che le possiedono, e sono di tale natura, appunto ciò che possiedono lo desiderino anche.
Dico dunque questo allo scopo di non lasciarci
trarre in inganno. Se rifletti invero, Agatone,
è necessario che costoro, ciascuna delle qualità
che possiedono, la possiedano presentemente,
sia che essi lo vogliano, sia che non lo vogliano: e appunto questo, in verità, chi potrà mai
desiderarlo? Piuttosto, quando qualcuno dica:
« Io, essendo sano, voglio altresì essere sano,
ed essendo ricco, voglio altresì essere ricco, e
desidero proprio ciò che possiedo », gli po-
tremmo rispondere: « Tu, buon uomo, che
d possiedi ricchezza, salute e forza, vuoi possedere queste cose anche per l'avvenire, poiché
nel presente, sia che tu lo voglia sia che non

lo voglia, già le possiedi; guarda dunque
— quando dici questo: desidero le cose presenti — se intendi dire qualcos'altro se non
questo: voglio che le cose ora presenti mi siano presenti altresì nell'avvenire ». Non lo con-
cederà forse?
Agatone disse di sì, secondo il racconto.
E Socrate continuò:
– Per qualcuno, dunque, l'amare ciò di cui ancora non dispone, e che non possiede, non
consiste appunto nel desiderio che queste cose gli siano conservate e presenti per l'avvenire?
– Certamente – rispose.   e
– Sia costui, quindi, sia chiunque altro desideri, desidera ciò di cui non dispone e ciò che
non gli è presente; ciò che non possiede, ciò
che egli stesso non è, ciò di cui è mancante:
non sono forse di questa natura gli oggetti cui
si rivolgono sia il desiderio sia l'amore?
– Senza dubbio – rispose.
– Suvvia dunque – disse Socrate – ricapitolia-
mo quello su cui ci siamo accordati. Eros non
è forse, anzitutto, amore di certe cose, e, in
secondo luogo, di quelle cose di cui al presente
egli manca?
– Sì – disse.   201
– Dopo di che, ricordati ora a quali oggetti
hai detto, nel tuo discorso, che si rivolge Eros:
se vuoi, anzi, te li rammenterò io. Credo invero che tu ti sia espresso all'incirca come segue,
dicendo che i dissidi degli dèi furono composti
grazie all'amore delle cose belle, poiché di
quelle brutte non potrà esserci amore. Non
hai forse parlato, pressappoco, a questo modo?

– Ho parlato così, infatti – disse Agatone.

– E certo dici abbastanza bene, amico mio; – riprese Socrate – se le cose poi stanno a questo modo, Eros sarà dunque amore di bellezza, non già di bruttezza?

Lo ammise.

b – Ma non è stato concesso che ami ciò di cui è mancante, e che non possiede?

– Sì – disse.

– Eros manca dunque di bellezza, e non la possiede.

– Per forza – disse.

– Ma come? Ciò che manca di bellezza e in nessun modo possiede bellezza, tu dici forse che è bello?

– Certo che no.

– Orbene, dichiari ancora che Eros sia bello, se le cose stanno a questo modo?

E Agatone disse:

– C'è pericolo, Socrate, che io non abbia approfondito nulla, di ciò che ho detto allora.

c – Eppure hai parlato bene davvero, Agatone – disse. – Ma dammi ancora una piccola risposta: le cose buone, non ti sembra forse che siano anche belle?

– A me sembra di sì.

– Eros, dunque, se manca delle cose belle, e se d'altro canto le cose buone sono belle, mancherà altresì delle cose buone.

– Per parte mia, Socrate, – disse – non sono in grado di sostenere una discussione contro di te: e allora, sia pure come tu dici.

– È contro la verità, piuttosto, – ribatté – che tu non sei in grado di discutere, amato Agato-

ne, poiché contro Socrate, ti assicuro, la cosa
non è affatto difficile.

Quanto a te, comunque, ormai ti lascerò in *d*
pace; ma il discorso intorno ad Eros, che un
giorno udii da una donna di Mantinea, Diotima, la quale era sapiente e in queste cose e in
molte altre — e agli Ateniesi una volta, per un
sacrificio da essi offerto, prima della peste,
procurò una dilazione di dieci anni dell'epi-
demia —, il discorso, dunque, che costei pro-
nunciò, cercherò di riferirvelo — partendo da
ciò che è stato concordato fra me ed Agatone — io stesso con le mie forze, per quanto
sarò capace. Bisogna ora, come spiegavi tu,
Agatone, trattare anzitutto di Eros stesso, dicendo chi è e qual è la sua natura, e in segui- *e*
to delle sue opere. Mi sembra, orbene, che la
cosa più facile sia di raccontare seguendo il
modo di procedere della straniera, quando mi
interrogava. Anch'io infatti dissi a lei appros-
simativamente le stesse cose appunto, che ora
Agatone ha detto a me, ossia che Eros sarebbe
un gran dio, e si rivolgerebbe alle cose belle;
essa allora mi confutò proprio con quegli argomenti con cui io ho confutato costui, e pro-
vò che, secondo le mie dichiarazioni, Eros non
doveva essere né bello né eccellente.
Ed io domandai: – Che dici, o Diotima? Eros
è dunque brutto e dappoco?
E quella esclamò: – Non bestemmiare! Ciò
che non è bello, credi forse che debba necessariamente essere brutto?
– Certo che lo credo.

– Allora anche ciò che non è sapiente dovrà essere ignorante? O non ti accorgi invece che tra la sapienza e l'ignoranza c'è qualcosa di mezzo?

– E che cos'è?

– Il possedere opinioni giuste, senza essere in grado di renderne ragione, non sai forse – disse – che non è né sapere (come potrà essere scienza, infatti, una cosa priva di ragione?), né ignoranza (come potrà essere ignoranza, infatti, una cosa che coglie ciò che è?)? L'opinione giusta, orbene, è senza dubbio qualcosa di tale natura, a mezzo tra la saggezza e l'ignoranza.

– Dici la verità – feci io.

b – Non pretendere dunque che ciò che non è bello sia necessariamente brutto, e ciò che non è eccellente sia necessariamente dappoco. Così pure, riguardo a Eros, dal momento che tu stesso ammetti che non è né eccellente né bello, allo stesso modo non credere che egli debba essere brutto e dappoco: piuttosto – disse – sarà qualcosa di mezzo tra i due.

– Eppure, – dissi io – è certo ammesso da tutti, che egli sia un gran dio.

– Dicendo da tutti – domandò – intendi da coloro che non sanno, o anche da coloro che sanno?

– Da tutti quanti, ti dico.

E lei, ridendo: – E come, o Socrate, – fece – potrà essere riconosciuta la sua natura di *c* grande dio da parte di coloro che affermano che egli non è neppure un dio?

– Chi sono costoro? – chiesi io.

– Uno intanto – disse – sei tu, e un'altra, poi, io.

E io replicai, domandando: – Come puoi dire questo?

E quella: – È facile – dichiarò. – Dimmi un po', non affermi forse che tutti gli dèi sono felici e belli? Oppure oserai asserire che qualcuno degli dèi non è né bello né felice?

– Per Zeus, io no di certo! – dissi.

– E felici non chiami, poi, coloro che possiedono le cose buone e le cose belle?

– Senza dubbio.

– Eppure hai ammesso che Eros, per la man- *d* canza delle cose buone e belle, desideri appunto queste cose di cui è mancante.

– L'ho ammesso, infatti.

– Come potrà essere un dio, allora, colui che è privo delle cose belle e buone?

– Non lo potrà affatto, almeno a quanto pare.

– Vedi dunque, – disse – che anche tu non ritieni che Eros sia un dio?

– Che mai sarà allora Eros? – feci. – Un mortale?

– Meno che mai.

– Ma che cosa, dunque?

– Come nei casi precedenti – disse – qualcosa di mezzo fra mortale e immortale. *e*

– Che sarà allora, Diotima?

– Un grande demone, o Socrate: giacché tutto ciò che è demonico è qualcosa di mezzo tra dio e mortale.

– Quale potere – feci io – possiede?

– Di tradurre e di trasmettere agli dèi le cose che giungono dagli uomini, e agli uomini quelle che giungono dagli dèi, degli uni le preghiere e i sacrifici, degli altri i comandi e le ricompense dei sacrifici: e stando a metà tra

gli uni e gli altri, riempie completamente tale regione, cosicché il tutto risulta collegato con se stesso. Attraverso il demonico procede tutta quanta la divinazione, come pure l'arte dei sacerdoti e di coloro che si dedicano ai sacri-
203 fici, ai riti di iniziazione, agli incantesimi, a ogni potere profetico e alla magia. Il dio, peraltro, non si mescola all'uomo, ed è attraverso il demonico, piuttosto, che gli dèi tengono ogni comunicazione e ogni dialogo con gli uomini, sia nella veglia sia nel sonno. E chi è esperto in tali argomenti è un uomo demonico, chi invece è esperto in qualcos'altro, o nelle arti o nei lavori manuali, è un uomo volgare. Questi demoni, orbene, sono molti e svariati: uno di essi, poi, è anche Eros.

– Ma chi è suo padre – domandai io – e chi sua madre?

b – È piuttosto lungo – disse – a raccontare. Tuttavia te lo dirò. Dunque, quando nacque Afrodite, gli dèi tenevano banchetto, e tra gli altri c'era anche il figlio di Metis, Poros. E dopo che ebbero cenato, giunse Penia per mendicare, poiché il cibo era stato sontuoso, e stava alla porta. Poros intanto, ubriaco di nettare, il vino infatti non c'era ancora, era entrato nel giardino di Zeus e, appesantito dall'ebbrezza, dormiva. Penia allora, proponendosi, per la propria povertà, di avere un figlio da Poros, si distende accanto a lui e
c concepisce Eros. Per tale ragione, del resto, Eros risulta seguace di Afrodite e dedito al suo servizio: egli infatti è stato generato durante la festa per la nascita di lei, e al tempo stesso è, per natura, amante della bellezza e di Afro-

dite, che è bella. In quanto è figlio di Poros e di Penia, dunque, ad Eros è toccata una siffatta sorte. Anzitutto, è sempre povero, e ben lungi dall'essere morbido e bello, come crede il volgo; piuttosto è ruvido e irsuto e scalzo *d* e senza asilo, si sdraia sempre per terra, senza coperte, dorme a cielo scoperto davanti alle porte e sulle strade, e possiede la natura della madre, sempre dimorando assieme all'indigenza. Secondo la natura del padre, d'altro canto, ordisce complotti contro le cose belle e le cose buone: invero, è coraggioso e si getta a precipizio ed è veemente, è un mirabile cacciatore, intreccia sempre delle astuzie, è desideroso di saggezza ed insieme ricco di risorse, passa tutta la vita ad amare la sapienza, è un terribile mago, e stregone, e sofista. E la sua natura non è né di un immortale né di un mortale: in *e* una stessa giornata, piuttosto, ora è in fiore e vive, quando trova una strada, ora invece muore, ma ritorna di nuovo alla vita grazie alla natura del padre; ciò che si è procurato, peraltro, a poco a poco scorre sempre via, cosicché Eros non è mai né sprovvisto né ricco, e d'altro canto sta in mezzo fra la sapienza e l'ignoranza. Le cose stanno infatti nel modo seguente. Nessuno degli dèi ama la sapienza, 204 né desidera diventare sapiente, poiché lo è già; se poi c'è qualcun altro ad essere sapiente, neppure costui ama la sapienza. D'altro canto, nemmeno gli ignoranti amano la sapienza, né desiderano diventare sapienti. Proprio in questo, difatti, l'ignoranza è insopportabile, nel credere, da parte di chi non è né bello né eccellente, e neppure saggio, di essere adeguatamente dotato. Chi non ritiene di essere privo, dunque, non desidera ciò di cui non crede di aver bisogno.

– Chi saranno allora, o Diotima, – chiesi io – gli amanti della sapienza, se non lo sono né i sapienti né gli ignoranti?

b – A questo punto la cosa è ormai evidente – disse – anche per un bambino: saranno coloro che stanno in mezzo a questi due, e tra di essi vi sarà anche Eros. In effetti, la sapienza fa parte senza dubbio di ciò che vi è di più bello, ed Eros, dal canto suo, è amore a riguardo della bellezza, cosicché necessariamente Eros sarà amante della sapienza, e, essendo amante della sapienza, sarà nel mezzo tra il sapiente e l'ignorante. E la causa, per lui, di queste cose sta del pari nella sua nascita: ha infatti un padre sapiente e ricco di risorse, una madre invece non sapiente e priva di risorse. Orbene, la natura del demone, caro Socrate, è questa: quanto poi a colui che tu ritenevi essere Eros, non ti

c è accaduto nulla di sorprendente. Tu credevi invero — come mi sembra, a giudicare da quanto dici — che l'oggetto amato, e non già quello che ama, fosse Eros. Per questo, io penso, Eros ti appariva totalmente bello. Giacché l'oggetto degno di essere amato è ciò che essenzialmente è bello e tenero e perfetto e da ritenere felice; ciò che ama, invece, certo ha un'altra figura, quella appunto che io ho spiegato.

E io dissi: – Sin qui va bene, o straniera, poiché tu parli in modo bello. Tale essendo la natura di Eros, quale servizio egli rende agli uomini?

– Appunto questo, o Socrate, – riprese – cer- *d* cherò di insegnarti, dopo ciò che si è detto. In realtà, Eros ha dunque una tale natura e una tale nascita, ed inoltre, come tu affermi, si rivolge alle cose belle. Ma se qualcuno ci domandasse: « In che senso, o Socrate e Diotima, Eros si rivolge alle cose belle? » o più chiaramente, in questa forma: « Chi ama le cose belle, ama; che cosa ama? ».
E io risposi:
– Che esse diventino sue.
– Ma questa risposta – disse – suscita un'altra domanda, del seguente tenore: « Che cosa accadrà a colui, cui vengano ad appartenere le cose belle? ».
Dissi che io non ero ancora del tutto in grado di rispondere prontamente a questa domanda.
– Ma – disse – è proprio come se qualcuno, *e* servendosi del bene in luogo del bello, mutasse la domanda: « Suvvia, Socrate, chi ama le cose buone, ama; che cosa ama? ».
– Che esse – feci io – diventino sue.
– E che cosa accadrà a colui, cui vengano ad appartenere le cose buone?
– A questo – dissi io – sono in grado di rispondere più facilmente: sarà felice.
– È infatti per il possesso delle cose buone 205 – disse – che i felici sono felici, e non occorre più domandare ulteriormente: « A qual fine vuole essere felice, colui che lo vuole? ». Piuttosto, la risposta non ha seguito, a quanto pare.
– Dici la verità – feci io.
– Questo desiderio e questo amore, orbene, credi che siano comuni a tutti gli uomini, e

71

che tutti vogliano essere sempre in possesso delle cose buone? Oppure come intendi dire?

– Così, – risposi io – che siano comuni a tutti.

– Perché mai allora, o Socrate – domandò – non diciamo, a proposito di tutti, che amano, *b* se è vero che tutti amano le stesse cose, e sempre; e perché di alcuni, piuttosto, diciamo che amano, e di altri invece non lo diciamo?

– Me ne stupisco anch'io – feci.

– Non c'è da stupirsi, invece, – disse – giacché noi, isolando una certa specie di amore, la chiamiamo appunto, imponendole il nome della totalità, amore, e per le altre specie invece usiamo sempre altri nomi.

– Analogamente a che cosa? – chiesi io.

– Analogamente a questo. Tu sai che creazione è un termine vasto. In effetti, per qualsiasi cosa che proceda da ciò che non è a ciò che è, senza dubbio la causa di questo processo è sempre *c* pre una creazione; di conseguenza, sia le produzioni che rientrano in tutte le arti sono creazioni, sia i loro artefici sono tutti creatori.

– Dici la verità.

– Ma tuttavia – continuò lei – tu sai che non sono chiamati creatori, bensì hanno altri nomi, e che una sola parte, staccata dalla sfera totale della creazione — la parte che riguarda la musica e la poesia — viene designata con il nome della totalità. Soltanto questa parte, difatti, è chiamata creazione, e coloro cui appartiene questa parte della creazione sono chiamati creatori.

– È vero – dissi.

d – Così dunque avviene anche riguardo all'amore. Riassumendo, il desiderio delle cose buone e della felicità si riduce interamente, per chiunque, ad essere *l'amore potentissimo ed ingannevole*; senonché gli uni, ricorrendo a lui in molte e diverse maniere, o nella tendenza agli affari, o nella passione per la ginnastica, o in quella per la sapienza, non ricevono il nome di amanti né si dice che amino, mentre gli altri, procedendo e impegnandosi secondo una singola specie di amore, portano il nome della totalità: amore e amare e amanti.

– Quello che dici – feci io – è probabilmente vero.

– Certo, viene sostenuta una teoria – disse – secondo cui sono coloro che cercano la metà di loro stessi, quelli che amano; ma la mia *e* teoria afferma che l'amore non si rivolge né alla metà né all'intero, a meno che non si tratti in qualche modo, amico mio, di una cosa che è buona. In effetti, gli uomini sono disposti a farsi amputare piedi e mani, quando ritengono che queste parti di loro stessi siano troppo in cattivo stato. Non è invero a ciò che fa parte di lui stesso – io credo – che ciascuno si attacca, fuorché non sia il bene ad essere chiamato proprio e appartenente a noi stessi, e il male, invece, estraneo. Ché anzi, null'altro se non il bene è ciò che amano gli uomini. *206* Oppure ti sembra che amino qualcos'altro?

– Non mi sembra davvero, per Zeus – feci io.

– È dunque possibile – riprese lei – dire, in modo così semplice, che gli uomini amano il bene?

– Sì – dissi.

– E allora? Non bisogna forse aggiungere –

domandò – che essi amano altresì il possesso del bene?

– Bisogna aggiungerlo.

– Dunque, oltre a ciò, – disse – non solo il possesso, ma anche l'eterno possesso?

– Bisogna aggiungere anche questo.

– L'amore allora, in complesso, – disse – tende a possedere eternamente il bene.

– È verissimo – feci io – quello che dici.

b – Dal momento che appunto in questo consiste sempre l'amore, – disse lei – per quale atteggiamento e per quale azione l'entusiasmo e lo sforzo violento di coloro che sono in caccia di ciò potranno ricevere il nome di amore? Quale sarà mai questo atto? Sei in grado di dirlo?

– Se lo fossi, o Diotima, – feci io – non starei certo ad ammirarti per la tua sapienza, né ricorrerei a te per imparare appunto queste cose.

– Allora te lo dirò io – continuò. – Questo atto, invero, è un dare alla luce in ciò che è bello, sia rispetto al corpo sia rispetto all'anima.

– Ciò che intendi dire – feci – richiede un potere divinatorio, ed io non capisco.

c – Ebbene, – disse lei – te lo spiegherò più chiaramente. Gravidi invero, o Socrate, – continuò – sono tutti gli uomini, e nel corpo e nell'anima, e quando sono giunti ad una certa età, la nostra natura brama di partorire. Ma nel brutto non può partorire, nel bello invece sì. Il congiungimento dell'uomo e della donna, in realtà, è un dare alla luce. Questo atto, orbene, è divino, e nell'essere vivente che è mortale vi è questo di immortale, il concepimento e la procreazione. Ma l'uno e l'altra è impossibile che si producano in ciò che è discordante. Il brutto, orbene, è discordante rispetto a tutto ciò che è divino, mentre il bello è con esso in accordo. Callone, la bellezza, è dunque Moira ed Ilitia per la generazione. Perciò, ogni volta che un essere gravido si avvicina a ciò che è bello, si dispone alla benevolenza, e rallegrandosi si diffonde e partorisce e procrea; quando invece si avvicina a ciò che è brutto, allora, incupito e rattristato, si contrae, cerca di scostarsi, si rinchiude e non procrea, e piuttosto, trattenendo in sé la creatura concepita, la sopporta penosamente. Onde sorge appunto, in un essere gravido ed ormai turgido di latte, la violenta emozione a riguardo di ciò che è bello, poiché questo libera chi lo possiede da grandi doglie. L'amore infatti, o Socrate, – disse – non ha come fine ciò che è bello, come invece tu credi.

– Ma che cosa allora?

– La procreazione e il dare alla luce in ciò che è bello.

– Ammettiamolo – feci io.

– È senza dubbio così – disse. – E perché mai, proprio la procreazione? Perché la procreazione è ciò che di eterno e di immortale può toccare a un mortale. Da quanto si è ammesso, peraltro, risulta necessario che, assieme al bene, si desideri l'immortalità, se è vero che l'amore tende a possedere eternamente il bene. In base a questo discorso è dunque necessario che l'amore tenda altresì all'immortalità.

Tutte queste cose appunto mi insegnava, in ogni occasione in cui teneva discorsi in

materia di amore; e una volta mi domandò:
– Quale credi, o Socrate, che sia la causa di
questo amore e di questa brama? O non ti
accorgi in quale disposizione mirabilmente
strana si trovino tutti gli animali, ogni volta
che li coglie il desiderio di procreare, sia quelli che vivono sulla terra sia quelli che volano,
b tutti ammalati e amorosamente disposti, per
ciò che si riferisce, anzitutto, all'accoppiarsi gli
uni con gli altri, e, in seguito, all'allevamento
della prole; e come i più deboli siano pronti,
per i loro nati, a combattere contro i più forti,
e a morire per loro, sia subendo essi stessi le
torture della fame al fine di tirar su i nati, sia
facendo ogni altra cosa? Quanto agli uomini
invero – disse – si potrebbe credere che fa-
cessero ciò per riflessione: ma gli animali,
quale causa c'è che siano così amorosamente
c disposti? Sai dirmelo?

E io di nuovo dissi che non sapevo; e lei riprese:
– Pensi forse di riuscir mai ad eccellere in materia di amore, se non capisci ciò?
– Ma è ben per questo, Diotima, — come appunto dicevo poco fa — che vengo da te: perché so di aver bisogno di maestri. Suvvia, dimmi la causa di queste cose, come pure delle
altre che rientrano nella sfera dell'amore.
– Se dunque sei convinto – continuò – che
l'amore miri per natura a quello che di fre-
quente abbiamo ammesso, non meravigliarti.
Nel caso presente infatti, allo stesso modo di
d prima, la natura mortale cerca, per quanto è
possibile, di essere eterna e immortale. Ma lo
può fare solo a questo modo, con la generazio-

ne, in quanto lascia sempre dietro di sé, in luogo del vecchio, qualcos'altro di giovane. In effetti, anche durante il tempo in cui si dice, di ogni singolo essere vivente, che vive ed è qualcosa di identico, ad esempio di un uomo, si dice che rimane il medesimo, da quando è bambino sino a che diventa anziano, costui invero, non avendo mai in se stesso le medesime parti, pure viene detto identico, ma in realtà ringiovanisce sempre — perdendo però talune cose — e nei capelli e nella carne e nelle ossa e nel sangue e in tutto quanto il *e* corpo. E non che solo rispetto al corpo si possa dire a questo modo, bensì inoltre — per quel che riguarda l'anima — i temperamenti, i caratteri, le opinioni, i desideri, i piaceri, le sofferenze, i timori, tutte queste cose insomma, non appartengono mai identicamente ai singoli uomini, ma in parte nascono e in parte periscono. Assai più strano ancora di ciò, peraltro, è il fatto, anche a riguardo delle conoscenze, non solo che alcune nascono e altre 208 invece periscono in noi, e che noi non siamo mai i medesimi neppure rispetto alle conoscenze, ma altresì che ogni singola conoscenza subisce la stessa cosa. Ciò che viene chiamato applicarsi, in realtà, sussiste in quanto una conoscenza se ne sia andata. Difatti, la dimenticanza è l'uscir fuori di una conoscenza, mentre l'applicazione, producendo per contro, in luogo del ricordo che è partito, uno che è fresco, salva la conoscenza, di modo che questa sembra essere la stessa. Tutto ciò che è mortale si preserva invero a questo modo, non già per il fatto di essere completamente identico

b per sempre, come avviene al divino, ma perché ciò che se ne va ed invecchia lascia dietro
di sé qualcos'altro di giovane, simile a quello
che esso stesso era. Con questo artificio, o Socrate, – disse – ciò che è mortale partecipa
— sia per il corpo sia per tutto il resto — del-
l'immortalità; ciò che è immortale, invece, vi
partecipa altrimenti. Non meravigliarti dunque che ogni essere, per natura, tenga in pregio il proprio germoglio: in vista dell'immortalità, difatti, ciascuno è accompagnato da
questo slancio e da questo amore.
Ed io, ascoltando quel discorso, rimasi stordito, e intervenendo:
– Un momento! – dissi – o sapientissima Diotima; queste cose stanno poi veramente così?
c E lei, come i perfetti maestri di sapienza, rispose:
– Siine pure convinto, o Socrate; giacché certo, quanto agli uomini, se vuoi inoltre consi-
derarne l'ambizione, rimarrai stupefatto della
loro irragionevolezza, a meno che tu non ri-
fletta su quanto è stato detto da me, considerando in quale straordinaria disposizione amorosa si trovino, per la brama di diventare fa-
mosi e *di accumulare per l'eternità dei tempi
una gloria immortale*, e come per questo fine
siano pronti, più ancora che per i loro figli, ad
d affrontare tutti i pericoli, e inoltre a dissipare
le loro ricchezze e a sopportare qualsiasi fatica e a morire per questo. Giacché pensi forse
– disse – che Alcesti sarebbe morta per Adme-
to, o che Achille avrebbe seguito Patroclo nella morte, o che il vostro Codro sarebbe morto
per assicurare il regno ai suoi figli, se non

78

avessero creduto che della loro eccellenza sarebbe poi esistito un ricordo immortale,
quello che noi ora conserviamo? Proprio per
nulla, – disse – e io penso, piuttosto, che in
vista di un'eccellenza immortale e di una siffatta fama gloriosa tutti si adoprino con ogni
mezzo, e tanto più quanto più valgono: poi- *e*
ché amano l'immortale. Orbene, – continuò –
coloro che sono gravidi rispetto al corpo si rivolgono di preferenza verso le donne, e si at-
teggiano amorosamente a questo modo, col
procurarsi — così essi credono — attraverso la
procreazione dei figli, l'immortalità e il ricordo e la felicità per tutto il tempo avvenire;
quanto a coloro invece che sono gravidi rispetto all'anima — vi sono invero (continuò) quel- 209
li che ingravidano nell'anima, più ancora che
nel corpo, di ciò che spetta all'anima conce-
pire e partorire: e che mai le spetta? Sia la
saggezza sia il resto dell'eccellenza, quelle cose, appunto, che sono generate da tutti i creatori e da quanti, tra gli artefici, vengono chiamati inventivi; ma l'aspetto di gran lunga più
alto e più bello della saggezza (disse) è quel-
l'ordinamento imposto alle questioni delle città e degli stanziamenti, cui toccano appunto
i nomi di moderazione e di giustizia — anche
qui, quando uno sin da giovane sia gravido di *b*
queste cose nell'anima, essendo divino, e quando, col giungere dell'età, brami ormai e di
partorire e di generare, in quel momento anche costui cerca — io credo —, andando in giro,
l'oggetto bello in cui potrà generare: giacché
nel brutto mai genererà. E allora si avvince,
in quanto è gravido, ai corpi belli piuttosto

che a quelli brutti, e insieme, se incontra un'animma bella e nobile e naturalmente dotata, ecco che si attacca violentemente al complesso dei due, e di fronte a questo uomo trova in abbondanza discorsi sull'eccellenza, su come debbc ba essere l'uomo di valore e di che cosa debba occuparsi, e si sforza di educarlo. Toccando infatti l'oggetto bello — io penso — e stando in sua compagnia, costui partorisce e genera le cose di cui era gravido da lungo tempo; e sia quando è presente sia quando è assente si ricorda di quello; e in comune con quello contribuisce a tirar su ciò che è generato: cosicché uomini di tale natura stringono tra loro una comunanza assai più forte di quella dei figli, e un'amicizia più salda, in quanto hanno in comune figli più belli e più immortali. E chiunque accetterebbe che gli nascessero siffatti figli, a preferenza di quelli umani, sia
d rivolgendo lo sguardo verso Omero, sia reputando fortunati Esiodo e gli altri creatori eccellenti, per la natura dei discendenti nati da loro, che lasciano dietro di sé, e che a quelli procurano una gloria e un ricordo immortali, essendo essi stessi cosiffatti; e inoltre, se vuoi, — continuò — per la natura dei figli che Licurgo lasciò a Sparta dietro di sé, salvatori di Sparta e — si può dire — dell'Ellade. E anche da voi è tenuto in onore Solone, perché generò le leggi, e in molti altri luoghi, sia fra gli
e Elleni sia fra i barbari, sono tenuti in onore altri, per aver portato alla luce molte e belle opere, e generato una molteplice eccellenza: a costoro inoltre furono già dedicati molti riti sacri, grazie a siffatti figli, mentre a nes-

suno mai ne toccarono grazie ai figli umani. A queste dottrine d'amore, orbene, anche tu forse, o Socrate, potrai essere iniziato; ma al 210 grado perfetto e contemplativo dei misteri d'amore, cui tendono del resto le cose dette prima, quando si segua correttamente la strada, non so se tu sarai capace di esserlo. Parlerò dunque io – continuò – né mancherò certo di buona volontà; cerca per parte tua di seguirmi, se ne sei capace. Invero, – disse – chi procede rettamente verso questo oggetto, bisogna che cominci, sin da giovane, a dirigersi verso i corpi belli, e che anzitutto, se chi gli fa da guida è una buona guida, egli ami un corpo solo, e in esso generi discorsi belli, e che in seguito, peraltro, egli comprenda che la bellezza presente in un corpo qualsiasi è sorella della bellezza presente in un altro corpo, e *b* che, se occorre inseguire ciò che è bello nella figura, sarebbe una grande follia non ritenere una sola e identica la bellezza presente in tutti i corpi. E considerando ciò, egli deve diventare amante di tutti i corpi belli, ed allentare invece quell'amore eccessivo per un corpo solo, che disdegna e giudica poca cosa. Dopo di questo, peraltro, la bellezza che sta nelle anime egli dovrà tenerla in maggior pregio di quella che sta nel corpo: di conseguenza, quand'anche uno, leggiadro nell'anima, abbia un misero fiore di giovinezza, egli si conten- *c* terà e lo amerà e si interesserà ansiosamente di lui, e partorirà e ricercherà discorsi tali, che rendano migliori i giovani, al fine di venir costretto poi a contemplare ciò che nelle maniere di vita e nelle leggi è bello, e a vedere

81

che tutto questo, come tale, è omogeneo con
se stesso, per poter giudicare che il bello riguardante il corpo è qualcosa di meschino. E
dopo le maniere di vita, bisogna guidarlo verso le conoscenze, affinché veda a questo punto
la bellezza delle conoscenze, e affinché, con
lo sguardo diretto alla sfera ormai ampia del
d bello, e senza più mostrare affezione, come
uno schiavo, per la bellezza presente in un solo oggetto, quella di un fanciullo o di un certo uomo o di una sola maniera di vivere, cessi
dalla bassezza e dalla meschinità del servire, e
piuttosto, rivolto verso l'ampio mare del bello e contemplandolo, partorisca molti discorsi,
belli e magnifici, e pensieri, in un amore
— senza invidia — per la sapienza, sinché, essendosi rafforzato ed avendo accresciuto il suo
potere, percepirà ad un certo momento una
conoscenza, una sola, tale da riferirsi al bello,
e di cui ora parlerò. Ma sforzati – continuò – di
prestarmi attenzione quanto più ti è possibile.
Chi invero sia stato condotto per mano sino a
questo punto delle dottrine d'amore, contemplando gli oggetti belli secondo un ordine e
nel modo giusto, costui ormai, giunto alla
fine della disciplina amorosa, scorgerà — in un
istante — un qualcosa di bello, ammirabile
nella sua natura, proprio quello, o Socrate,
in vista del quale, inoltre, tutte le sofferenze
di prima erano appunto esistite: un qualcosa,
211 anzitutto, che sempre è, e non nasce né peri-
sce, non si accresce né vien meno, e in seguito,
che non è in parte bello e in parte brutto, né
a volte bello e a volte no, né bello rispetto a
una cosa e brutto rispetto a un'altra, né bello

in un certo luogo e brutto in un altro, in quanto sia bello per alcuni e brutto per altri. E il bello neppure si renderà visibile a lui come un volto, o delle mani, o qualcos'altro di ciò cui partecipa il corpo, né apparirà come un discorso o una conoscenza, e neanche come esistente in qualche luogo, in un oggetto differente, ad esempio in un essere vivente oppure sulla terra o nel cielo o in qualcos'altro: si manifesterà, piuttosto, esso stesso, per se stes- *b* so, con se stesso, semplice, eterno. Tutte le altre cose belle, invece, partecipano di quello in un modo tale che, pur nascendo esse e cessando di esistere, quello tuttavia in nulla diventi maggiore o minore, né soffra alcunché. E allora, quando mai uno, innalzandosi da questo mondo attraverso un giusto amore per i fanciulli, cominci a scorgere quell'oggetto, il bello, toccherà quasi, si può dire, il termine. Proprio in questo, difatti, consiste la via giusta per procedere verso la disciplina amorosa, o *c* esservi condotto da un altro: cominciando dalle cose belle di questo mondo, innalzarsi sempre — con quell'oggetto, il bello, come fine — mediante l'aiuto, per così dire, di scalini, da uno solo a due e da due a tutti i corpi belli, e dai corpi belli alle maniere belle di vita, e dalle maniere di vita agli apprendimenti belli, e dagli apprendimenti innalzarsi e finire in quell'apprendimento, che non di altro è apprendimento se non di quel bello in se stesso; e coglierà, giunto al compimento, proprio ciò che è bello, come tale. È questa regione della vita, caro Socrate, – disse la straniera di *d* Mantinea – proprio qui, se mai altrove, che è degna di essere vissuta da un uomo che contempli il bello in se stesso. Il quale, se mai ti accadrà di vederlo, non ti sembrerà commisurabile con un ornamento d'oro e con un vestito, né con i fanciulli e i giovani belli, alla cui vista oggi resti sbigottito e sei pronto — lo sei tu come lo sono molti altri, pur di vedere gli amati e di stare sempre assieme a loro —, se mai fosse possibile, a non mangiare né bere, bensì unicamente a contemplarli, e a stare assieme. Che pensare, allora, – continuò – se a

e qualcuno riuscisse di vedere il bello in se stesso, puro, senza macchia, non mescolato, e costui fosse in grado di scorgerlo, non già aggravato da carni umane e da colori e da molte altre follie mortali, ma in se stesso, il bello divino, nella sua semplicità? Credi forse – dis-

212 se – che risulterebbe di poco conto la vita di un uomo, che guardasse a quel mondo, e contemplasse quell'oggetto mediante ciò che occorre, e vivesse congiunto con esso? Non consideri, piuttosto, – disse – che là, in quel solo luogo, a costui, il quale vede il bello con ciò mediante cui è visibile, accadrà di partorire, non già fantasmi di eccellenza, in quanto non avrà messo le mani su un fantasma, bensì l'eccellenza vera, in quanto avrà messo le mani sul vero? E che inoltre, a chi partorisce e si alleva l'eccellenza vera, spetta diventare caro agli dèi, e se mai tocchi a qualcun altro degli uomini di diventare immortale, tocca anche a lui?

b Queste cose dunque, o Fedro e voi altri, Diotima le disse, ed io me ne sono persuaso: una volta persuaso, cerco di persuadere anche gli altri, che per acquistare questo possesso non sarebbe facile prendere un collaboratore della natura umana migliore di Eros. Quanto a me, perciò, affermo che ogni uomo deve onorare Eros, e io stesso onoro la disciplina d'amore e in essa specialmente mi esercito, e agli altri la raccomando, e ora e sempre faccio l'elogio della potenza e della virilità di Eros, per quanto sono capace. Questo discorso allora, Fedro, *c* ritienilo detto, se vuoi, come un elogio dedicato ad Eros; se no, comunque ti piaccia chiamarlo, dàgli il nome che vorrai.

E quando Socrate ebbe detto queste cose, i presenti applaudirono; Aristofane invece tentava di dire qualcosa, poiché Socrate aveva accennato a lui, parlando di una teoria: e d'un tratto fu picchiato alla porta del cortile, che fece un gran rumore, per opera — sembrava — di una brigata allegra, ed essi udirono la voce di una flautista. Agatone esclamò allora: – Ragazzi, non andate a vedere? E se c'è qualcuno *d* degli amici, invitatelo; se no, dite che non beviamo più, ma ormai riposiamo.
E non molto tempo dopo udirono la voce di Alcibiade, dal cortile: era completamente ubriaco e gridava forte, domandando dove fosse Agatone e pretendendo che lo si conducesse da Agatone. Sorreggendolo, dunque, la flautista e alcuni altri del suo seguito lo condussero dai presenti; e lui si fermò sulla porta, cinto da una fitta corona d'edera e di vio- *e* lette, e con una gran quantità di nastri sul capo, e disse: – Vi saluto, signori: volete ac-

cettare come compagno nel bere un uomo ubriaco fradicio, oppure dobbiamo andarcene, dopo di aver incoronato il solo Agatone, per il quale appunto siamo venuti? Io in verità – continuò – ieri non trovai modo di venire, ma giungo adesso con i nastri sul capo, per toglierli dal mio capo e inghirlandare – se debbo fare questa dichiarazione – il capo del più sapiente e del più bello. Riderete forse di me, perché sono ubriaco? Eppure io, anche se

213 voi ridete, so bene di dire la verità. Ma ditemi subito: alle condizioni stabilite, posso entrare oppure no? Volete bere con me, o no?

Tutti allora, a gran voce, lo invitarono ad entrare e a sdraiarsi, ed Agatone lo chiamò. E lui venne avanti, condotto da quegli uomini, e al tempo stesso togliendosi i nastri per inghirlandare Agatone, tenendoli dinnanzi agli occhi, non vide Socrate: si sedette invece

b accanto ad Agatone, in mezzo, tra Socrate e lui. Socrate infatti si era scostato, per guardare Agatone. Egli, allora, sedendosi lì accanto, abbracciò Agatone e gli pose le ghirlande.

A quel punto Agatone disse:

– Togliete le scarpe ad Alcibiade, ragazzi, perché si distenda come terzo.

– D'accordo: – disse Alcibiade – ma chi è questo terzo, che beve con noi? – E al tempo stesso, voltandosi, vide Socrate. Saltò su allora, nel vederlo, ed esclamò: – Per Ercole, che succede? Costui è Socrate? Ti sei messo a giacere qui, tendendomi di nuovo un agguato, secon-

c do la tua abitudine di apparire all'improvviso, dove meno io m'immagino che tu sia. E a che scopo sei venuto, adesso? E perché mai ti sei disteso a questo posto? Certo, non ti sei messo accanto ad Aristofane, o a qualche altro che del pari sia faceto e voglia esserlo, ma sei riuscito con ogni mezzo a sdraiarti accanto al più bello dei presenti.

E Socrate:

– Agatone, – disse – guarda se puoi difendermi, poiché l'amore per quest'uomo non è stato per me una faccenda di poco conto. A partire da quel tempo, infatti, da quando fui innamorato di questo, non mi è più permesso *d* né di guardare anche uno solo, che sia bello, né di discorrere con uno siffatto, senza che costui, geloso di me e invidioso, compia azioni incredibili e m'insulti e trattenga a stento le mani. Guarda dunque che non si lasci andare anche adesso a qualcosa di simile, ma riconciliaci piuttosto, oppure, se tenterà di usare la violenza, difendimi, poiché io ho un vero terrore della follia di costui e della sua passione per l'amante.

– No davvero, – esclamò Alcibiade – tra me e te non è possibile una conciliazione. Ma di queste cose mi vendicherò con te un'altra volta: ora invece, Agatone, – continuò – restituisci una parte dei nastri, perché io possa incoronare anche il capo di costui — questo capo mirabile — ed egli non mi rimproveri di avere incoronato te, e lui invece, che nei discorsi vince tutti gli uomini, non soltanto l'altro ieri come te, ma sempre, di non averlo tuttavia incoronato. – E intanto, prendendo una parte dei nastri, egli inghirlandò Socrate, e si pose a giacere.

Dopo che fu disteso, disse: – E allora, signo-

ri? Mi sembrate sobri, in verità. A voi questo,
in ogni caso, non deve essere permesso, ma
bisogna bere, piuttosto: su ciò infatti ci siamo accordati. Orbene, a capo del bere, sinché
voi avrete bevuto a sufficienza, eleggo me stesso. Ma se c'è una coppa grande, Agatone,
qualcuno me la porti. Anzi non occorre: por-
tami piuttosto, ragazzo, – continuò – quella
secchietta per tenere in fresco il vino – accor-
214 gendosi che conteneva più di otto cotili. Una
volta riempita completamente, anzitutto lui
stesso la bevve sino in fondo, poi ordinò che
la si riempisse per Socrate, e insieme disse:
– Verso Socrate, signori, l'abile artificio non
mi serve a nulla; quello che gli si richiede di
bere, infatti, lo beve sino in fondo, senza mai
inebriarsi di più.
Socrate a quel punto, dopo che il ragazzo ebbe
riempito la secchietta, bevve; ed Erissimaco:
– Allora come ci comportiamo, Alcibiade? –
b disse. – A questo modo, senza dire nulla mentre vuotiamo le coppe e senza canti celebra-
tivi, vogliamo piuttosto bere semplicemente,
come gli assetati?
Alcibiade disse allora:
– O Erissimaco, ottimo figlio di un padre ottimo e saggissimo, salute a te.
– Anche a te, sinceramente: – disse Erissimaco – ma che cosa facciamo?
– Ciò che tu comandi. Bisogna invero ubbidirti,

poiché un uomo che risana ne vale molti altri.

Ordina dunque quello che vuoi.

– Ascolta allora – disse Erissimaco. – Prima
che tu entrassi, noi avevamo deciso che ciascuno a suo turno, procedendo verso destra,
dovesse dire un discorso, il più bello di cui *c*
fosse capace, intorno ad Eros, e farne l'elogio.
Orbene, noialtri tutti abbiamo parlato: quanto a te, poiché non hai parlato e hai vuotato
la tua secchietta, è giusto che tu parli, e dopo
di aver parlato, che tu ordini a Socrate quello
che vorrai, e costui faccia lo stesso con il suo
vicino di destra e così gli altri.
– Di sicuro, Erissimaco, parli bene – disse
Alcibiade – ma temo che non ci sia equilibrio
nel mettere un uomo ubriaco a confronto con
i discorsi di gente sobria. Per di più, mio caro
amico, tra le cose che Socrate ha detto poco *d*
fa, ce n'è forse una di cui egli ti persuada?
Non sai, piuttosto, che è tutto il contrario di
quello che ha detto? Costui in verità, se in
sua presenza io loderò qualcuno, o dio o uomo, che non sia lui stesso, non si tratterrà
dal mettermi le mani addosso.
– Zitto, non bestemmiare! – fece Socrate.
– Per Posidone, – replicò Alcibiade – non dire nulla contro di ciò, dato che io non potrò
lodare, in tua presenza, assolutamente nessun
altro.
– Fa' dunque così, se preferisci: – disse Erissimaco – loda Socrate.
– Che dici? – continuò Alcibiade. – Pensi che *e*
io debba, Erissimaco? Debbo demolire quest'uomo, e vendicarmi di fronte a voi?
– Amico, – fece Socrate – che cosa hai in
mente? Di lodarmi negli aspetti più ridicoli?
O che vuoi fare?

– Dirò la verità. Guarda, piuttosto, se lo permetti.

– Ma certamente: – disse – la verità, in ogni caso, permetto e richiedo che tu la dica.

– Lo farò senz'altro – riprese Alcibiade. – Tu però comportati così. Nel caso in cui io dica qualcosa di non vero, interrompimi, se credi, e dichiara pure che dico questo di falso: per quanto sta in me, difatti, non mentirò in nulla. Se tuttavia parlerò richiamando i miei ricordi ora da un luogo ora dall'altro, non stupirtene affatto: per chi si trovi nel mio stato, invero, non è facile raccontare, con abbondanza di particolari e con ordine, la tua assurda natura.

Socrate, signori, io tenterò ora di lodarlo così, mediante immagini. Costui forse crederà proprio che io cerchi gli aspetti più ridicoli, ma l'immagine ci sarà in vista del vero, non del ridicolo. Giacché affermo per certo che egli assomiglia, in modo perfetto, a quei sileni – posti nelle botteghe degli scultori – che gli artigiani elaborano, dotandoli di zampogne o di flauti, e i quali, aperti in due, rivelano all'interno di possedere immagini di dèi. E dichiaro inoltre che egli sembra il satiro Marsia. Senza dubbio, che per la figura almeno tu sia simile a costoro, Socrate, non potrai contestarlo neppure tu stesso; in che modo poi tu sembri loro anche nel resto, ascoltalo ora. Sei tracotante: o non è così? Invero, se non lo ammetti, produrrò dei testimoni. Ma forse non sei un flautista? Certo che lo sei, e mol-

to più ammirabile di quello. È mediante uno *c*
strumento musicale, in realtà, che egli affasci-
nava gli uomini con il talento che gli veniva
dalla bocca, e ancora oggi lo stesso si può dire
per chiunque suoni col flauto le melodie di
lui: quelle che suonava Olimpo, io dico infatti che sono di Marsia, poiché costui è stato il
maestro. Le sue melodie, dunque, sia che vengano suonate da un flautista eccellente, sia da
una flautista dappoco, sono le sole — per il fatto di essere divine — a far sì che uno venga
posseduto, e a rivelare coloro che hanno bisogno degli dèi e dei riti mistici. Quanto a te,
differisci da lui in questo soltanto, che senza
strumenti, con discorsi in prosa, raggiungi lo
stesso risultato. Per parte nostra, almeno, *d*
quando su altri argomenti sentiamo parlare
qualche altro, fosse pure un oratore davvero
eccellente, non c'è nessuno, si può dire, cui
importi alcunché della cosa; ma ogni volta
che uno ascolti te, o i tuoi discorsi riferiti da
un altro — anche se chi racconta non vale
proprio nulla, e non importa poi se chi ascolta
sia una donna o un uomo o un adolescente —,
noi rimaniamo storditi e siamo posseduti. Per
quel che riguarda me, signori, se non dovessi
poi sembrare completamente ubriaco, vi rac-
conterei, sotto giuramento, quali affetti precisamente — suscitati dai discorsi di costui —
io stesso abbia provato, e provi ancora oggi.
Quando infatti l'ascolto, a me, molto più che *e*
agli esaltati dalla frenesia coribantica, il cuore batte forte, e le lacrime sgorgano, provo-
cate dai discorsi di lui; e vedo anche altri,
moltissimi, che sentono le stesse cose. Ascol-

tando invece Pericle e altri oratori eccellenti, ritenevo sì che parlassero bene, ma non provavo nulla di simile, né la mia anima restava sconvolta, o si irritava per la schiavitù in cui mi trovavo. Dal Marsia che è qui, al contrario, 216 fui portato più volte, di sicuro, a tali sentimenti, da sembrarmi che non valesse la pena di vivere, per chi si comporta come mi comporto io. E queste cose, o Socrate, non dirai che non sono vere. E ancora oggi, certo, sono cosciente che, se acconsentissi a porgergli orecchio, non potrei tener duro, e proverei, piuttosto, gli stessi affetti. Mi costringe infatti ad ammettere che, pur mancando di molte cose, io continuo a trascurare me stesso, e mi preoccupo invece degli affari degli Ateniesi. Facendo violenza a me stesso, dunque, mi allontano in fuga, come dinnanzi alle Sirene, con le orecchie tappate, per non invecchiare — seduto proprio qui — accanto a costui. Ed è il solo b uomo, rispetto a cui io abbia provato ciò che nessuno crederà possa esistere dentro di me: il vergognarsi di fronte a qualcuno. Io, orbene, solo di fronte a costui mi vergogno. Sono invero cosciente, da un lato, di non essere in grado di contraddire, dimostrando che non bisogna fare ciò che lui comanda, ma d'altro lato, di rimanere soggiogato, ogni volta che mi allontano, dagli onori che mi vengono dalla moltitudine. Corro via da lui e lo sfuggo, dunque, e quando lo vedo, mi vergogno di ciò che avevo ammesso con lui. E più volte c sarei contento di vedere che egli non facesse più parte degli uomini; ma se poi questo accadesse, so bene che sarei oppresso da una pena assai più grande: di conseguenza, non so come trattare con questo uomo.

Con le melodie del suo flauto, senza dubbio, questo satiro ha suscitato, sia in me sia in molti altri, tali affetti: ma ascoltate ancora da me, per altri aspetti, come egli sia simile a coloro cui io l'ho paragonato, e come sia meravigliosa la potenza che possiede. Giacché sappiate bene, che nessuno di voi conosce costui: io però ve lo mostrerò, dal momento che ho *d* già cominciato. Voi vedete, invero, come Socrate sia innamorato dei belli e stia sempre loro intorno e ne rimanga estasiato, e come, d'altra parte, ignori tutto e non sappia nulla. Questo suo atteggiamento non è forse da sileno? Lo è al massimo grado. Egli infatti, all'esterno, è rivestito tutto intorno a questo modo, come il sileno scolpito: ma all'interno, una volta aperto, quanto grande è la continenza di cui è pieno, lo immaginate, voi signori che bevete con me? Sappiate che a lui non importa nulla né di chi è bello — lo disprezza tanto, piuttosto, quanto nessuno al mondo potrebbe credere — né di chi è ricco, né di chi possiede qualche altro dei privilegi che sono esaltati dal volgo: egli ritiene invece che tutti questi possessi non abbiano alcun valore, e che noi siamo nulla, parlo a voi, ma dissimulandosi e giocando con gli uomini trascorre tutta la vita. Peraltro, quando lui ha fatto sul serio e si è aperto, non so se c'è qualcuno che abbia visto le immagini all'interno: io però una volta già le vidi, e mi sembrò che fossero così divine ed auree, e totalmente belle ed *217* ammirabili, da doversi fare tutto ciò che Socrate comandasse. Ritenendo allora che lui prendesse sul serio il fiore della mia giovinezza, ritenni che si trattasse di un inatteso dono di Ermes e, per me, di un meraviglioso colpo di fortuna, nella convinzione che toccasse a me — se mi concedevo a Socrate — di ascoltare proprio tutto quello che costui sapeva: del fiore della mia giovinezza, infatti, di certo presumevo mirabilmente. Con queste intenzioni, dunque, mentre sino a quel momento non avevo l'abitudine di stare da solo con lui, senza un servo, allora, licenziando il

b servo, cominciai a rimanere solo assieme a lui (di fronte a voi, infatti, bisogna dire tutta la verità: prestate dunque attenzione, e se mento tu, Socrate, confutami); così rimasi solo, signori, con lui solo, e pensavo che subito egli avrebbe conversato con me sui temi, appunto, che un amante può discutere a tu per tu con l'amato, e me ne rallegravo. Tuttavia non accadde proprio nulla di questo, e al contrario, dopo di aver — nel modo abituale — conversato con me e trascorso la giornata assieme a me, se ne andò via. Dopo di ciò, lo invitai a

c far ginnastica con me, e mi esercitavo con lui, contando di concludere qualcosa allora. Egli faceva ginnastica con me, in realtà, e con me si esercitava nella lotta, spesso senza che nessuno fosse presente. E che devo dire? Non ebbi davvero nessun successo. Ma poiché in questo modo non approdavo a nulla, ritenni di dover attaccare l'uomo con la violenza, e non lasciar correre, dal momento che l'impresa era stata iniziata, ma piuttosto di dover vedere fino in fondo come stava la faccenda. Lo invito dunque a cenare con me, proprio come un amante che tenda una trappola all'amato. E neppure il mio invito accettò subito, ma tuttavia, col tempo, si lasciò vincere. Quando venne per la prima volta, però, appena ebbe cenato voleva andarsene. E in quell'occasione, per vergogna, lo lasciai andare: ma una seconda volta che gli tesi l'agguato, dopo che ebbimo cenato, io continuai a conversare sino a notte avanzata, e giunto il momento in cui voleva andarsene, lo costrinsi a rimanere, col pretesto che era troppo tardi. Riposava, dunque, nel letto attiguo al mio, proprio in quello su cui aveva cenato, e nella camera non dormiva nessun altro all'infuori di noi. Sino *e* a questo punto del discorso, senza dubbio, può essere bello il raccontare, anche di fronte a chiunque: ma il seguito non lo sentireste mai narrare da me, se non fosse che, anzitutto, come si suol dire, il vino — sia senza fanciulli sia con fanciulli — è veritiero, e che, in secondo luogo, mi sembra ingiusto, per chi si accinga ad un elogio, tenere celata un'azione rifulgente di Socrate. Inoltre, la sensazione di chi è stato morso da una vipera è quella che domina anche me. Dicono invero, mi sembra, che chi sente così non vuol raccontare quale è stata la sua esperienza, se non a coloro che già sono stati morsi, poiché soltanto essi lo comprenderanno e scuseranno, se non si è vergognato, sotto l'impulso del dolore, di fare e di dire qualsiasi cosa. Io, dunque, che sono stato morso da qualcosa che reca più dolore, e nel punto più doloroso in cui si possa essere morsi — poiché è nel cuore, o nell'anima, o,

d

218

95

comunque si debba chiamare questa parte, in essa, che sono stato colpito e morso dai discorsi appartenenti all'amore per la sapienza, i quali si attaccano più selvaggiamente della vipera, quando afferrino l'anima di un giovane, che non sia sprovvista di talento, e inducono a fare e a dire qualsiasi cosa —; io che vedo, d'altro canto, persone come Fedro, Aga-

b tone, Erissimaco, Pausania, Aristodemo e Aristofane... Socrate stesso, poi, a che vale nominarlo? E quanti altri? Voi tutti, invero, avete posseduto in comune la follia e il delirio dionisiaco di chi ama la sapienza. Perciò tutti quanti mi ascolterete: voi scuserete infatti sia le cose allora fatte, sia quelle ora dette. Quanto agli schiavi di casa, invece, e a chiunque altro — non iniziato e rozzo — possa esserci: tappatevi le orecchie con porte ben spesse.

Dunque, signori, quando la lampada fu spen-
c ta, e i servi furono usciti, mi parve di non dover ricorrere a nessun abbellimento, con lui, ma di dovere, piuttosto, esporgli liberamente quello che pensavo; e toccandolo, dissi: – Socrate, dormi?

– Per nulla – fece lui.

– Allora, sai quello che ho pensato?

– Che cosa, precisamente? – disse.

– A mio parere, – feci io – tu sei un amante degno di me, tu solo, e mi sembri esitare a farne cenno con me. Per parte mia, sento a questo modo: ritengo che sarebbe del tutto sciocco non compiacerti in questa cosa, come pure in qualsiasi altra occasione, in cui tu avessi bi-
d sogno o delle mie sostanze, o dei miei amici. Per me, difatti, non c'è nulla che abbia mag-

96

giore importanza del migliorarmi quanto più è possibile, e credo che per assistermi in questo nessuno abbia un'autorità maggiore della tua. Io, perciò, mi vergognerei molto di più, di fronte a chi capisce, se non compiacessi a un uomo simile, di quel che mi vergognerei, di fronte alla moltitudine stolta, se gli compiacessi.

E lui, dopo di avere ascoltato, disse con molta dissimulazione, in modo estremamente personale, e secondo la sua consuetudine: – Mio caro Alcibiade, c'è caso che realmente tu non sia uno stupido, se le cose che dici di me sono proprio vere, e se dentro di me esiste una forza, attraverso cui tu potresti diventare migliore: di certo, avrai visto in me una bellezza smisurata, e di gran lunga superiore all'avvenenza che ti appartiene. Se a questo punto, accorgendoti di tale bellezza, tu cerchi di venire a patti con me, e di scambiare bellezza con bellezza, ti proponi allora di trarre non poco vantaggio a mie spese, tentando piuttosto di acquistare, di ciò che è bello, la verità in luogo dell'apparenza, e intendendo realmente avere in cambio « *armi d'oro per quelle di bronzo* ». Ma, caro mio, guarda meglio, se no ti sfuggirà che io non sono nulla. Senza dubbio, lo sguardo della mente comincia a scrutare in modo penetrante, quando quello degli occhi inizia il suo declino dal punto culminante. Tu però sei ancora lontano da questo momento.

Ed io, dopo di averlo ascoltato: – Per parte mia – dissi – le cose stanno a questo modo, e nulla di ciò che ho detto è diverso da quel che

penso; tu poi consigliati con te stesso su ciò
che ritieni la cosa migliore, sia per te sia per
me.

– Certo, – disse – in questo almeno parli bene:
nel tempo che seguirà, invero, ci consultere-
b mo e faremo ciò che a noi due sembrerà la
cosa migliore, sia per tali argomenti sia per il
resto.

Io allora, dopo di aver ascoltato e detto questo, e dopo di aver scagliato, per così dire, i
miei dardi, credevo che lui fosse stato ferito:
e alzatomi, appunto, senza concedere a costui
la possibilità di dire più nulla, buttato il mio
mantello su di lui, poiché era inverno, rimes-
somi a giacere sotto il logoro soprabito di questo qui, gettate le mie due braccia attorno a
c quest'uomo demonico — nel senso vero — ed
ammirabile, lì rimasi disteso per tutta la notte. E neppure questa volta, o Socrate, potrai
dire che in ciò io mento. Sebbene io avessi
fatto questo, allora, a tal punto costui rimase
superiore, rispetto al fiore della mia giovinezza, e lo disprezzò e lo derise e lo oltraggiò...
Eppure, di esso io pensavo che valesse qualcosa, signori giudici — voi infatti siete giudici
della tracotanza di Socrate —, ma in verità,
sappiatelo bene, per gli dèi, per le dee, dopo
d di aver passato la notte con Socrate, mi levai
senza che in tutto ciò vi fosse nulla di più strano che se avessi dormito con mio padre o con
un fratello maggiore.

Dopo di questo, dunque, quale credete che
fosse il mio animo, dal momento che ritenevo
di essere stato disdegnato, eppure ammiravo
la natura di costui e la sua continenza e la sua

virilità, essendomi imbattuto in un uomo tale
— per saggezza e ferma perseveranza — quale
io non mi sarei aspettato di poter mai incon-
trare? Di conseguenza, né ero capace di adirar-
mi con lui e venir privato della sua compagnia, né sapevo trovare un mezzo per conqui-
starlo. Sapevo bene, in effetti, che di fronte al-   *e*
le ricchezze egli era invulnerabile da ogni parte, assai più di quanto lo fosse Aiace di fronte al ferro; e rispetto alla sola cosa, con cui
ritenevo che avrebbe potuto essere catturato,
egli mi era sfuggito. Ero dunque privo di risorse e, ridotto in schiavitù da quell'uomo come nessuno mai lo fu da nessun altro, me ne
andavo in giro. Tutte queste cose mi erano
accadute prima, in verità, e fu in seguito che
noi partecipammo assieme alla campagna di
Potidea, e là prendevamo i pasti in comune.
Anzitutto, invero, rispetto alle fatiche egli era
superiore, non soltanto a me, ma anche a tutti
gli altri — ogni volta che, tagliati fuori da
qualche parte, come appunto accade in guerra, eravamo costretti a rimanere senza cibo,   220
nel sopportare ciò gli altri, di fronte a lui, non
valevano nulla — e quando poi le provviste
erano abbondanti, egli solo era in grado di
goderne, tra le altre cose nel bere: su questo
punto era riluttante, ma ogni volta che vi fosse forzato, vinceva tutti, e, cosa mirabile più
di tutte, nessun uomo ha mai visto Socrate
ubriaco. Di questo, del resto, credo che anche
ora si avrà la prova. Inoltre, nel sopportare i
rigori dell'inverno — in quel paese infatti gli
inverni sono terribili — faceva meraviglie, e
in particolare una volta, che ci fu un gelo   *b*

quanto mai atroce — e tutti, o non uscivano
dai loro rifugi, oppure, se qualcuno faceva
eccezione, si coprivano con una quantità davvero straordinaria di indumenti, e si legavano
e si avvolgevano i piedi con bende di feltro e
pelli d'agnello — costui usciva in mezzo agli
altri, con quello stesso mantello che anche
prima era solito portare, e, a piedi nudi, camminava sul ghiaccio più agevolmente degli altri con le loro calzature, mentre i soldati gli
lanciavano occhiate sospettose, convinti che
c volesse umiliarli. E questo basti su tale argomento :

ma quel che ancora compì e sopportò il saldo
                                                    [uomo

laggiù, un giorno, durante quella spedizione,
è degno di essere ascoltato. In tale occasione,
essendosi concentrato a meditare su qualcosa,
a partire dall'alba era rimasto in piedi nello
stesso posto a riflettere, e siccome la cosa non
gli riusciva, non si dava per vinto, ma restava
fermo a indagare. Si giunse a mezzogiorno, e
gli uomini lo notavano, e meravigliati diceva-
no, l'uno all'altro, che sin dall'alba Socrate
stava lì in piedi a ponderare qualcosa. Alla
fine alcuni Joni, quando fu sera ed ebbero
cenato, portarono fuori i loro lettucci — poi-
d ché allora era estate — per dormire al fresco,
e al tempo stesso per sapere, tenendolo d'occhio, se avrebbe passato lì in piedi anche la
notte. Ed egli rimase fermo, in piedi, sinché
giunse l'aurora e si levò il sole: allora si mos-
se e se ne andò, dopo di aver rivolto una pre-

ghiera al sole. Se poi volete che parli delle battaglie — poiché è certamente giusto riconoscergli questo —, in tal caso vi dirò che, quando ci fu la battaglia, dopo la quale gli strateghi mi dettero persino l'insegna del valore, nessun altro uomo mi salvò se non costui, che *e* non volle abbandonare un ferito, e piuttosto riuscì a salvare, insieme, le mie armi e me stesso. E io già allora, o Socrate, insistetti con gli strateghi perché ti dessero l'insegna del valore, e di questo almeno non mi rimprovererai, né dirai che in questo mento. Ma in realtà, mentre gli strateghi avevano riguardo per il mio rango e desideravano accordarmi l'insegna del valore, tu stesso fosti più sollecito degli strateghi, affinché la ricevessi io piuttosto di te. Oltre a ciò, signori, valeva la pena di stare a guardare Socrate, nel momento in cui l'esercito in fuga si ritirava da Delio. Mi accadde in- 221 fatti di trovarmi accanto a lui: io avevo il cavallo, e costui invece le armi pesanti dell'oplita. Si ritirava dunque costui — quando già i nostri uomini si erano sbandati — e assieme a lui era Lachete. E io arrivo lì per caso, e come li vedo, subito li esorto ad aver coraggio, e dico che non abbandonerò loro due. Appunto là, e anche meglio che a Potidea, potei osservare Socrate — io stesso, invero, avevo meno paura, per il fatto di essere a cavallo — e *b* anzitutto vedere di quanto egli superava Lachete, nell'essere con freddezza presente a se stesso; inoltre mi sembrava, o Aristofane, per usare una tua espressione, che egli camminasse laggiù nello stesso modo in cui si muove in questa città, « *a testa alta e gettando occhiate*

101

oblique » guardando placidamente, di lato, sia
gli amici sia i nemici, e mostrando in modo
evidente a chiunque — anche assai da lontano — che se qualcuno avesse toccato un uomo
siffatto, egli si sarebbe difeso con grande vi-
goria. Perciò si ritirava altresì in modo sicuro,
costui, e assieme a lui il suo compagno. Quelli
che si comportano così, difatti, si può dire
che in guerra non li si tocca neppure, e in-
c vece si inseguono coloro che fuggono in disordine.

Senza dubbio, si potrebbe lodare Socrate in
molte altre cose, degne di ammirazione. Riguardo agli altri aspetti del suo comportamento, tuttavia, forse si potrebbe rivolgere tali
lodi anche a un altro: ma è il fatto di non
essere simile a nessuno degli uomini, né degli
antichi né di quelli ora viventi, che è degno
della più grande meraviglia. Di quello che fu
Achille, in realtà, uno potrebbe ritrovare
un'immagine in Brasida e in altri, e di quello
che fu Pericle, d'altro canto, in Nestore e in
Antenore — ma ve ne sono anche altri — e in
d altri ancora allo stesso modo si potrebbero ritrovare immagini: ma a quel che è stato, nella
sua natura assurda, quest'uomo qui, lui e i
suoi discorsi, per quante ricerche si facciano,
non si potrà trovare nessuno che neppure vi si
avvicini, né di quelli che vivono ora né degli
antichi, a meno forse che uno ritrovi in lui
l'immagine — in lui e nei suoi discorsi — di
quelli che io dicevo, uomini no di certo, ma
sileni e satiri.

Giacché all'inizio ho appunto tralasciato anche questo, ossia che pure i suoi discorsi sono

102

quanto mai simili ai sileni che si aprono. Se qualcuno infatti vorrà ascoltare i discorsi di *e* Socrate, da principio gli sembreranno del tutto ridicoli: tali sono i nomi e i verbi da cui sono rivestiti all'esterno, proprio come dalla pelle di un satiro tracotante! In realtà, parla di asini da soma e di fabbri e di calzolai e di conciatori, e ha sempre l'aria di dire le stesse cose con le stesse parole, cosicché ogni uomo ignorante e sciocco si prenderà gioco dei suoi discorsi. Ma se qualcuno li vede aperti e si *222* spinge dentro di loro, troverà anzitutto che essi soli, fra tutti i discorsi, hanno internamente un senso, e in seguito, che sono i più divini di tutti, e racchiudono in se stessi il massimo numero di immagini dell'eccellenza, e si estendono alla massima parte di quello — anzi a tutto quello — cui deve mirare colui che vuol divenire nobile ed eccellente.

Queste sono, signori, le cose in cui io lodo Socrate; e d'altra parte, mescolandovi ciò in cui lo biasimo, vi ho raccontato in che cosa mi oltraggiò. A dire il vero, ha fatto questo non a me soltanto, ma anche a Carmide, figlio di *b* Glaucone, e ad Eutidemo, figlio di Diocle, e a moltissimi altri, che costui, presentatosi come amante, ha ingannato, per diventare poi lui stesso, anziché amante, piuttosto l'amato. Queste cose perciò le dico anche a te, Agatone, affinché non ti lasci ingannare da costui, ma al contrario, scaltrito dalle nostre sofferenze, tu stia in guardia, e non ti accada, secondo il proverbio, come allo sciocco che soffrendo impara.

c E quando Alcibiade ebbe detto queste cose, si levò una risata per la sua franchezza, in quanto egli aveva l'aria di essere ancora innamorato di Socrate. Allora Socrate disse:

– Non mi sembri ubriaco, Alcibiade. Altrimenti non avresti di certo mai tentato, con perifrasi così ingegnose, di celare lo scopo per cui hai detto tutto ciò, relegandolo alla fine — appunto come un'aggiunta secondaria — quasi che tu non avessi detto tutto quanto in vista di questo, cioè di mettere in disaccor-

d do me ed Agatone, ritenendo che io debba amare te e nessun altro, e che Agatone per contro debba essere amato da te e da nessun altro. Ma non l'hai fatta franca, e invece questo tuo dramma satiresco e silenico è stato smascherato. No, caro Agatone, non deve trarne alcun vantaggio: fa' in modo, piuttosto, che nessuno metta il disaccordo fra me e te.

Agatone a quel punto disse:

– Ebbene, Socrate, quello che dici può essere

e vero. C'è un altro indizio: si è sdraiato in mezzo, tra me e te, per tenerci divisi. Non ne trarrà comunque alcun vantaggio, poiché io verrò a distendermi accanto a te.

– Benissimo, – disse Socrate – sdraiati qui, alla mia destra.

– O Zeus, – esclamò Alcibiade – cosa debbo sopportare, una volta di più, da parte di quest'uomo! Ritiene di dover eccellere su di me in ogni occasione. Se non altro, uomo formidabile, almeno lascia che Agatone si metta a giacere fra noi due.

– No, è impossibile – replicò Socrate. – Tu infatti hai lodato me, e bisogna ora che a mia

104

volta lodi chi sta alla mia destra. Dunque, se
Agatone si distende alla tua destra, non vorrà
mica lodarmi ancora una volta, prima di essere
lodato, piuttosto, da me? Ma lascia correre, o
divino, e non rifiutare a questo adolescente di   223
essere lodato da me: e invero ho gran desiderio di tesserne l'elogio.
– Evviva! – esclamò Agatone – o Alcibiade,
non c'è modo che io possa rimanere qui, ma
devo assolutamente migrare, per essere lodato da Socrate.
– Siamo di nuovo alle solite: – fece Alcibiade
– quando Socrate è presente, risulta impossibile che, delle persone belle, tocchi qualcosa a un altro. Anche ora, con quale facilità
ha trovato un argomento plausibile, per far
in modo che questo qui si ponga a giacere accanto a lui!
Agatone allora si alzò, per andare a sdraiarsi   b
accanto a Socrate: ma d'un tratto una brigata
assai numerosa di festaioli giunse alla porta, e
trovatala aperta, poiché qualcuno stava uscen-
do, essi si inoltrarono direttamente sino accanto ai convitati e si posero a giacere: tutto
fu sommerso da un confuso frastuono, e ormai
senza alcun ordine fu necessità bere una gran
quantità di vino. A quel punto Erissimaco e
Fedro e alcuni altri se ne andarono via, secondo il racconto di Aristodemo; quest'ultimo
invece fu preso dal sonno, e dormì per un bel   c
pezzo: le notti invero erano lunghe. Si svegliò,
poi, verso giorno, quando già i galli cantava-
no, e svegliatosi, vide che gli altri dormivano
o se n'erano andati, mentre Agatone e Aristofane e Socrate erano i soli a rimanere ancora

svegli, e bevevano da una grande coppa, passandola verso destra. Socrate, comunque, discorreva con loro: e quanto al resto, Aristodemo raccontò di non essersi più ricordato dei discorsi — poiché non li aveva seguiti sin da principio, e inoltre ciondolava dal sonno — ma quanto all'essenziale, raccontò, Socrate forzava gli altri ad ammettere, che tocca ad un medesimo uomo il saper creare una commedia e una tragedia, e che chi è poeta tragico, secondo l'arte, è anche poeta comico. Essi, a quel punto, costretti ad ammettere ciò, e senza poter seguire con precisione gli argomenti, cascavano dal sonno: e per primo si addormentò Aristofane, e poi, quando già faceva giorno, Agatone. Socrate allora, dopo di averli fatti quietamente addormentare, levatosi andò via — Aristodemo come al solito lo seguiva — e recatosi al Liceo, dove si lavò, trascorse come altre volte il resto del giorno, e avendolo così passato, verso sera andò a casa per riposare.

NOTE

174 b Il tenore del proverbio era: « Ai banchetti
degli uomini dappoco vanno senza invito
gli uomini di valore ». Il testo di 174 b 4
ἀγαθῶν ἐπὶ δαῖτας contiene un'allusione
intraducibile: « ai banchetti di Agatone » (Burnet, anzi, che qui non seguiamo,
legge: 'Αγάθων' secondo una congettura
di Lachmann).

174 d *Iliade*, x 224.

178 b ESIODO, *Teogonia*, 116-120; Parmenide, fr.
13 (Diels-Kranz).

183 a Passo (*a* 1-2) o da giudicare insanabilmen-
te corrotto, con Burnet, o da emendare,
seguendo Schleiermacher, con l'espunzione
di φιλοσοφίας.

187 a Cfr. Eraclito, frr. 8, 51 (Diels-Kranz).

195 d *Iliade*, xix 92-93.

196 c Espressione, citata anche da Aristotele, di
Alcidamante, allievo di Gorgia.

196 d Frammento di Sofocle (235 Nauck).

196 e Frammento di Euripide (663 Nauck).

197 b Citazione di incerta fonte.

199 a EURIPIDE, *Ippolito*, 612.

205 d Probabilmente una citazione, di incerta
fonte.

208 c Citazione di incerta fonte.

209 b L'emendazione ἤϑεος di Parmentier, accolta da Burnet, non ci sembra plausibile: leggiamo in *b* 1: ϑεῖος, secondo i manoscritti.

214 a « Otto cotili », più di due litri.

214 b *Iliade*, XI 514.

217 e Accenno a un proverbio, il cui tenore era pressappoco: « Vino e fanciulli sono veritieri ».

219 a *Iliade*, VI 236.

220 c *Odissea*, IV 242.

221 b *Nuvole*, 362.

PICCOLA BIBLIOTECA ADELPHI

ULTIMI VOLUMI PUBBLICATI:

530. Roberto Calasso, *La follia che viene dalle Ninfe* (5ª ediz.)
531. Friedrich Nietzsche, *Frammenti postumi, III*
532. Cesare Garboli, *Il «Dom Juan» di Molière*
533. Willa Cather, *La nipote di Flaubert*
534. Isaiah Berlin, *La libertà e i suoi traditori*
535. Friedrich Nietzsche, *Frammenti postumi, IV*
536. Alberto Arbasino, *Dall'Ellade a Bisanzio* (3ª ediz.)
537. Haniel Long, *La meravigliosa avventura di Cabeza de Vaca*
538. Benedetto Croce, *Un paradiso abitato da diavoli*
     (3ª ediz.)
539. Paul Valéry, *Cattivi pensieri* (2ª ediz.)
540. Giorgio Manganelli, *L'isola pianeta e altri settentrioni*
541. Eudocia Augusta, *Storia di san Cipriano*
542. Arthur Schopenhauer, *L'arte di invecchiare* (3ª ediz.)
543. Pseudo Meister Eckhart, *Diventare Dio*
544. Rosa Matteucci, *Cuore di mamma* (5ª ediz.)
545. Ennio Flaiano, *Una e una notte*
546. Willa Cather, *Il mio mortale nemico*
547. Inoue Yasushi, *Amore* (3ª ediz.)
548. Tommaso Landolfi, *In società*
549. Giorgio Colli, *Platone politico*
550. Giorgio Manganelli, *Mammifero italiano*
551. Goffredo Parise, *Guerre politiche*
552. Manlio Sgalambro, *La conoscenza del peggio*
553. Mordecai Richler, *Un mondo di cospiratori*
554. Sholem Aleykhem, *Storie di uomini e animali*
555. Shirley Jackson, *La lotteria*
556. Arthur Schopenhauer, *Il mio Oriente*
557. Lodovico Terzi, *L'autonecrologia di Jonathan Swift*
558. René Guénon, *Il Demiurgo e altri saggi* (2ª ediz.)
559. Alberto Savinio, *La nascita di Venere*
560. Yoko Ogawa, *L'anulare* (2ª ediz.)
561. Stefan Zweig, *Bruciante segreto* (3ª ediz.)
562. Irène Némirovsky, *Come le mosche d'autunno* (4ª ediz.)
563. Robert Walser, *Storie che danno da pensare* (2ª ediz.)
564. Nicolás Gómez Dávila, *Tra poche parole*
565. Alberto Arbasino, *L'Ingegnere in blu* (7ª ediz.)
566. Paul Valéry, *L'idea fissa*
567. Goffredo Parise, *L'eleganza è frigida* (2ª ediz.)

Stampato nel febbraio 2010
dal Consorzio Artigiano «L.V.G.» - Azzate

Piccola Biblioteca Adelphi
Periodico mensile: N. 81/1979
Registr. Trib. di Milano N. 180 per l'anno 1973
Direttore responsabile: Roberto Calasso

15,3